Wolfgang Constance

Französisch in 10 Tagen

Sprachkurs mit einer neuen Methode

Bibliografische Information der Deutschen Bibliothek: Die Deutsche Bibliothek verzeichnet diese Publikation in der Deutschen Nationalbibliografie; detaillierte bibliografische Daten sind im Internet über http://dnb.ddb.de abrufbar.

© 2014 Wolfgang Constance
Herstellung und Verlag: BoD - Books on Demand, Norderstedt
ISBN 978-3-7357-5825-5
Titelbild: Sacré - Coeur in Paris
Foto: Wolfgang Constance

Inhalt

Die Zollkontrolle. Basiswissen.	5
Wo ist der Bahnhof? Artikel.	10
Der Streik. Hauptwörter.	16
Die Panne. Eigenschaftswörter.	20
Erste Begegnung. Umstandswort.	23
Das Hochzeitskleid. Verben.	28
Die Hochzeitsreise. Fürwörter.	34
Ankunft im Hotel. Fragesätze.	41
Im Restaurant. Raum und Zeit.	48
Wichtige Redewendungen	52
Vokabular	58

Erster Tag

Die Zollkontrolle. Le contrôle douanier.

Ort: Flughafen Charles de Gaulle in Paris.
Touristin T, Zöllner Z

Z Guten Tag. Bonjour (b*o*schur). Den Pass bitte. Le passeport s'il vous plait (lö paspOr silwuplä). Der Pass ist abgelaufen. Le passeport est périmé (ä perime).
T Hier ist der Personalausweis. Voici la carte d'identité (woasi la kart did*a*tite). Ich bin lange Zeit durch ganz Deutschland *gereist*. J'ai *voyagé* beaucoup de temps par toute l'Allemagne (<u>sch</u>e woaja<u>sch</u>e boku dö t*a* par tut lalmanj). Gibt es etwas Neues in Frankreich? Il y a quelque chose de nouveau en France (ilja kälköscho<u>s</u> dö nuwo *a* fr*a*s)?
Z Ich weiß *nichts* Neues. Je *ne* sais *rien* de nouveau (<u>sch</u>ö nö sä rj*e* dö nuwo). Haben *Sie* etwas zu verzollen? *Vous* avez quelque chose à déclarer (wu<u>s</u>awe kälköscho<u>s</u> a deklare)?
T Ich habe *nichts* zu verzollen. Je *n*'ai *rien* à déclarer (<u>sch</u>ö ne rj*e* a deklare).
Z Öffnen Sie diesen Koffer! Ouvrez cette valise (uwre sät wali<u>s</u>)! Jetzt weiß ich etwas Neues für Sie. Maintenant je sais quelque chose de nouveau pour vous (m*e*tn*a* <u>sch</u>ö sä kälköscho<u>s</u> dö nuwo pur wu). Sie müssen für das hier Zoll *bezahlen*. Vous devez *payer* les droits de douane pour ceci (wu döwe peje le droa dö duan pur sösi)!
T Aber das ist ein Geschenk. Mais c'est un cadeau (mä sät*e* kado).
Z Für wen? Pour qui (pur ki)?
T Für Sie. Pour vous (pur wu).
Z Ich danke *Ihnen*. Je *vous* remercie (<u>sch</u>ö wu römärsi).
T Keine Ursache. De rien (dö rj*e*).

5

Kursiv geschriebene Wörter haben die gleiche Bedeutung.
Lesen Sie bitte die Texte laut und überprüfen Sie Ihre Aussprache mit Hilfe der Lautschrift.

Lautschrift (LS) und Aussprache

Ein stimmhafter Laut wird unterstrichen. Wenn ein Vokal geschlossen oder offen gesprochen werden kann, wird die offene Aussprache durch Großbuchstaben angezeigt.

LS	Aussprache		Beispiel	LS	Übersetzung
c	k	wie k	café	kafe	Kaffee
	s	vor e, i, y	ces	se	diese
		stimmloses s	ici	isi	hier
		wie in Glas	cycle	sikl	Zyklus
ç	s	stimmloses s	ça	sa	das
ch	sch	stimmloses sch	chat	scha	Katze
e	e	wie in Tee	efficace	efikas	wirksam
	ä	wie in Rest	mer	mär	Meer
	ö	wie in möchte	repas	röpa	Mahlzeit
ê	ä		même	mäm	selbst
è	ä		mère	mär	Mutter
é	e		été	ete	Sommer
g	g	wie g	gare	gar	Bahnhof
gue	g	u wird nicht	guerre	gär	Krieg
gui	g	gesprochen	guide	gid	Führer
g	sch	vor e,i,y stimm-	rouge	ru**sch**	rot
		haftes sch	girafe	**sch**iraf	Giraffe
gn	nj	wie nj in Sonja	agneau	anjo	Lamm
h		stummes h	hôtel	otäl	Hotel
j	sch	stimmhaft	jour	**sch**ur	Tag
ll	l	wie l	ville	wil	Stadt
	j	wie j	fille	fij	Tochter
o	o	geschlossen	beau	bo	schön
	O	offenes o	pomme	pOm	Apfel

qu	k	wie k	quatre	k*a*tr	vier
s	s	stimmloses s	tasse	tas	Tasse
	s̲	zwischen Vokal	rose	ro**s̲**	Rose
u	ü	wie ü	minute	min**ü**t	Minute
v	w	wie w	verre	**w**är	Glas
y	i	vor Konsonant			
		wie i	style	stil	Stil
	j	wie j	yoga	j**O**ga	Yoga
z	s̲	stimmhaftes s	zéro	s̲ero	null
e/au	o	geschlossen	eau	o	Wasser
			aussi	osi	auch
eu	ö	geschlossen	deux	dö	zwei
	Ö	offen	seul	s**Ö**l	allein
oi	oa	wie Oase	oiseau	**oa**s̲o	Vogel
ou	u	wie u	route	rut	Route
ui	üi	kurzes ü mit i	nuit	n**üi**	Nacht

Nasallaute

Ein vor m oder n stehender Vokal wird ausgesprochen, indem man die Luft durch die Nase strömen lässt, wobei m und n nicht gesprochen werden (Nasallaut).

Nasales a: LS *a*

Wenn ein Nasallaut die Vokale a oder e enthält, wird er in der Lautschrift mit *a* geschrieben. Der Nasallaut *a* wird gesprochen wie in Abonne*ment* oder in Präsident Mitterand (miter*a*).

-am	lampe	l*a*p	Lampe
-an	tante	t*a*t	Tante
-em	embargo	*a*bargo	Embargo
-en	endémie	*a*demi	Endemie
-ent	lent	l*a*	langsam
-ment	moment	mom*a*	Moment

Nasales e: LS *e*

Wenn ein Nasallaut die Vokale i oder u enthält, wird er in der Lautschrift mit *e* geschrieben. Der Nasallaut *e* wird gesprochen wie in Manne<u>quin</u> oder in Präsident Giscard d'Estaing (<u>sch</u>iskardäst*e*).

-aim	faim	f*e*	Hunger
-ain	pain	p*e*	Brot
-eim, -ein	sein	s*e*	Brust
-ien	bien	bj*e*	gut
-im	impair	*e*pär	ungerade
-in	vin	w*e*	Wein
-um	parfum	parf*e*	Parfüm
-un	un	*e*	ein

Nasales o: LS *o*

Wenn ein Nasallaut den Vokal o enthält, wird er in der Lautschrift mit *o* geschrieben. Der Nasallaut *o* wird gesprochen wie in Fass<u>on</u> oder in Präsident Pompidou (p*o*pidu).

-om	pompe	p*o*p	Pumpe
-on	ton	t*o*n	Ton
-tion	nation	nasj*o*	Nation

Allgemeine Ausspracheregeln

Am Wortende werden Konsonanten meistens nicht ausgesprochen, z. B. sport (spOr) / Sport.

Vor einem Vokal oder stummen h werden die Endkonsonanten oft ausgesprochen, z. B. deux amis (dö<u>s</u>ami) / zwei Freunde.

Am Wortende wird das e nicht ausgesprochen, z. B. rose (ro<u>s</u>) / Rose.

Vor einem Vokal werden i und y als j gesprochen, z. B. kiosque (kjOsk) / Kiosk, bruyant (brüj*a*) / laut.

Betonung

Im Französischen werden alle Silben eines Wortes gleichmäßig betont.

F Akzente

1. l'accent aigu: nur auf dem e — été / Sommer
2. l'accent grave:
   auf dem a — là / dort
   auf dem e — mère / Mutter
   auf dem u — où / wo
3. l'accent circonflexe: auf allen Vokalen, z. B. gâteau / Kuchen, tête / Kopf, île / Insel, dôme / Dom, sûr / sicher.

Aussprache des Alphabets

A a B be C se D de E e F äf G **sche** H asch I i J **schi** K ka L äl M äm N än O o P pe Q kü R är S äs T te U ü V we W **dublöwe** X iks Y igräk Z **säd**

Abkürzungen

Beispiel	B
Ableitung der Grammatikregel(n)	A
Femininum / weiblich	f / w
Maskulinum / männlich	m
Singular / Einzahl	Sg / EZ
Plural / Mehrzahl	Pl / MZ
Perfekt	Pf
Regel	R
freiwilliges Lernprogramm	F

Lernen Sie bitte noch die unterstrichenen Wörter im Vokabular von <u>Abend</u> bis <u>Bett</u>.

Zweiter Tag

Wo ist der Bahnhof? Où se trouve la gare?

Ort: Paris
Tourist T, Passantin P

T Entschuldigung, meine Dame. Pardon, Madame (pardo madam). Wo ist der 'Ostbahnhof'? Où se trouve la 'gare de l'est' (u sö truw la gar dö läst)?
P Im Stadtzentrum. Au centre de la ville (o satr dö la wil).
T Kann ich zu Fuß *dorthin* gehen? Je peux m'*y* rendre à pied (schö pö mi radr a pje)?
P Das ist nicht möglich, weil es zu weit ist. Ce n'est pas possible, parce que c'est trop loin (sö nä pa pOsibl parskö sä tro loe). Der Bahnhof ist 10 km von hier entfernt. La gare est à une distance de dix kilomètres d'ici (la gar äta ün distas dö di kilOmätr disi).
T Wie kann ich zum Bahnhof *fahren*? Comment est-ce que je peux *aller* à la gare (kOma äskö schö pö ale a la gar)?
P Um zur Bushaltestelle zu kommen müssen Sie immer geradeaus gehen bis zur Ampel, dann rechts abbiegen und die zweite Straße rechts nehmen. Pour aller à l'arrêt d'autobus vous devez aller toujours tout droit jusqu'aux feux de signalisation, puis tourner à droite et prendre la deuxième à droite (pur ale a larä dotobüs wu döwe ale tuschur tu droa schüsko fö dö sinjalisasjo püi turne a droit e pradr la dösjäm a droit). Um zur Metrostation zu kommen müssen Sie diesen Platz *überqueren*, dann geradeaus gehen bis zur Kreuzung und links abbiegen. Pour aller à la station de métro vous devez *traverser* cette place, puis aller tout droit jusqu'au croisement et tourner à gauche (pur ale a la stasjo dö metro wu döwe trawärse sät plas püi ale tu droa schüsko kroasma e turne a gosch).

T Welcher Bus fährt zum Bahnhof? Quel autobus va à la gare (käl otobüs wa a la gar)?
P Sie müssen den Bus Nummer 6 *nehmen*. Vous devez *prendre* le bus numéro six (wu döwe pr*a*dr lö büs nümero sis).
T Wie viele Haltestellen sind es bis zum Bahnhof? Combien d'arrêts y a-t-il jusqu'à la gare (k*o*bj*e* darä jatil s<u>ch</u>üska la gar)?
P Es tut mir leid; ich weiß es *nicht*. Je suis désolée; je *ne* sais *pas* (<u>sch</u>ö süi desOle <u>sch</u>ö nö sä pa).
T Das macht *nichts*, danke. Cela *ne* fait *rien*, merci (söla nö fä rj*e* märsi).

Das bestimmte Geschlechtswort

B Der Junge und das Mädchen essen die Orange.
   Le garçon e **la** fille (1) mangent **l'**orange (2).
MZ **Les** garçons et **les** filles mangent **les** oranges (3).
A 1 Im Französischen gibt es nur 2 bestimmte Artikel: einen männlichen **le** und einen weiblichen **la**.
  2 Le und la werden vor Vokal und stummem h zu **l'**.
  3 Le, la und l' werden in der Mehrzahl zu **les**.
    Das s von les wird nicht ausgesprochen.
    <u>Ausnahme</u>: Vor Vokal und stummem h wird es ausgesprochen, z. B.
    le**s** oranges (le<u>s</u>or*a*<u>sch</u>), le**s** hôtels (le<u>s</u>otäl).

F Verwendung des bestimmten Artikels

Vor geografischen Bezeichnungen: **La** France / Frankreich.
Vor Wochentagen (zum Ausdruck einer Gewohnheit) und Familiennamen im Plural:
Le samedi **les** Milhaud font du sport. Samstags treiben die Milhauds Sport.

Zusammengezogene Artikel

B Das Mädchen ist die Freundin des Jungen.
   La fille est l'amie (de le >) **du** garçon.
MZ Les filles sont les amies (de les >) **des** garçons.
A Aus **de** + **le** wird **du**. Aus **de** + **les** wird **des**.
B Das Mädchen gibt die Orange dem Jungen.
   La fille donne l'orange (à le >) **au** garçon.
MZ Les filles donnent les oranges (à les >) **aux** garçons.
A Aus **à** + **le** wird **au**. Aus **à** + **les** wird **aux**.
R Achtung: à und de verschmelzen nicht mit l', z. B. Je vais á **l'**hôtel. Ich gehe ins Hotel. Je viens de **l'**hôtel. Ich komme vom Hotel.

Bildung der Fälle des Hauptworts (Deklination)

Werfall (Nominativ): der Sohn / le fils die Tochter / la fille
Wesfall (Genitiv):des Sohnes/**du** fils der Tochter / **de la** fille
Wemfall (Dativ): dem Sohn / **au** fils der Tochter / **à la** fille
Wenfall (Akkusativ): den Sohn / le fils die Tochter / la fille

Der Teilungsartikel

B Wollen Sie Bier? Vous voulez **de la** bière (1).
   Ich will kein Bier. Je ne veux pas **de** bière (2).
   Ich will ein Glas Wein. Je veux un verre **de** vin (3).
A Bei einer **unbestimmten** Menge (1) steht **de mit dem bestimmten Artikel** (so genannter Teilungsartikel). Nach einer Verneinung (2) und bei einer **bestimmten** Menge (3) steht **de ohne den bestimmten Artikel.**

Das unbestimmte Geschlechtswort

B Ein Junge und ein Mädchen essen eine Orange.
   Un garçon et **une** fille mangent **une** orange (1).
MZ **Des** garçons et **des** filles mangent **des** oranges (2).
A 1 Es gibt 2 unbestimmte Artikel: **un** (m) und **une** (w).
  2 Un und une werden in der Mehrzahl zu **des**.

Konjugation der Hilfsverben avoir und être

Präsens	j'**ai** (1)	je **suis** (2)
Gegenwart	tu **as**	tu **es**
1 ich habe	il / elle **a**	il / elle **est**
2 ich bin	nous av**ons**	nous **sommes**
	vous av**ez**	vous **êtes**
	ils / elles **ont**	ils / elles **sont**

Imperfekt	j'av**ais** (1)	j'ét**ais** (2)
Vergangen-	tu av**ais**	tu ét**ais**
heit	il / elle av**ait**	il / elle ét**ait**
1 ich hatte	nous av**ions**	nous ét**ions**
2 ich war	vous av**iez**	vous ét**iez**
	ils / elles av**aient**	ils / elles ét**aient**

F Futur — Das Futur hat dieselben Endungen wie das
Zukunft **Präsens von avoir.**

1 ich werde	j'aur**ai** (1)	je ser**ai** (2)
haben	tu aur**as**	tu ser**as**
2 ich werde	il / elle aur**a**	il / elle ser**a**
sein	nous aur**ons**	nous ser**ons**
	vous aur**ez**	vous ser**ez**
	ils / elles aur**ont**	ils / elles ser**ont**

FKonditional Bildung : Verbstamm des Futur +
Bedingungs- **Imperfekt Endungen**

form	j'aur**ais** (1)	je ser**ais** (2)
1 ich würde	tu aur**ais**	tu ser**ais**
haben	il / elle aur**ait**	il / elle ser**ait**
2 ich würde	nous aur**ions**	nous ser**ions**
sein	vous aur**iez**	vous ser**iez**
	ils / elles aur**aient**	ils / elles ser**aient**

Die Grundzahlen

0 zéro (sero)
1 un (*e*)
2 deux (dö)
3 trois (troa)
4 quatre (katr)
5 cinq (sek)
6 six (sis)
7 sept (sät)
8 huit (üit)
9 neuf (nÖf)
10 dix (dis)
11 onze (o*s*)
12 douze (du*s*)
13 treize (trä*s*)
14 quatorze (katOr*s*)
15 quinze (ke*s*)
16 seize (sä*s*)
17 dix-sept (disät)
18 dix-huit (disüit)
19 dix-neuf (disnÖf)
20 vingt (w*e*)
21 vingt-et-un (w*e*te*e*)
22 vingt-deux (w*e*dö)
30 trente (tr*a*t)
40 quarante (kar*a*t)
50 cinquante (sek*a*t)
60 soixante (soas*a*t)
70 soixante-dix (soas*a*t dis)
71 soixante et onze (soas*a*t e o*s*)
72 soixante-douze (soas*a*t du*s*)
80 quatre-vingt (katrö v*e*)
81 quatre-vingt-un (katrö v*e e*)
90 quatre-vingt-dix (katrö v*e* dis)

100 cent (s*a*)
101 cent un (s*a e*)
200 deux cents (dö s*a*)
1000 mille (mil)
1000000 un million (*e* milj*o*)

Die Ordnungszahlen und Bruchzahlen

Bildung der Ordnungszahlen: **Grundzahl** + **ième** (LS jäm).
Ausnahme: premier, première
Der, die, das

erste	premier, première prömjär
zweite	deuxième dösjäm 1/2 un demi
dritte	troisième 1/3: un tiers
vierte	quatrième 1/4: un quart
fünfte	cinquième 1/5: un cinquième
sechste	sixième sisjäm
siebte	septième sätjäm
achte	huitième üitjäm
neunte	neuvième nöwjäm
zehnte	dixième 1/10: un dixième

Die Uhrzeit

Bis 30 Minuten wird dazugezählt, dann von der nächsten Stunde mit moins / minus abgezogen: Wie viel Uhr ist es? Quelle heure est-il (käl Ör ätil)? Es ist / il est (il ä):

1.00	une heure
1.15	une heure et quart
1.30	une heure et demie
1.45	deux heures moins le quart
2.00	deux heures

Datumsangabe

B Den wievielten haben wir? Le combien sommes-nous? Heute ist der 1. Januar. Aujourd'hui nous sommes le premier janvier. Am 3. Januar fahre ich nach Paris. **Le trois janvier** je vais à Paris.

A Die **Datumsangabe** erfolgt durch die **Grundzahlen**. Am 1.Tag des Monats steht die Ordnungszahl!

Lernen Sie bitte noch die unterstrichenen Wörter von bezahlen bis Eintrittskarte.

Dritter Tag

Der Streik. La grève.

Ort: Bahnhof von Marseille.
Tourist T, Angestellter A

T (vor dem Schalter / devant le guichet)
Um wie viel Uhr fährt der nächste Zug nach Paris? À quelle heure part le prochain train pour Paris (a käl Ör par lö prOshe tre pur pari)?
A Ich weiß es *nicht*. Je *ne* sais *pas* (s<u>ch</u>ö nö sä pa). An Stelle des Fahrplans haben wir seit gestern einen Streik. Au lieu de l'horaire nous avons depuis hier une grève (o ljö dö lOrär nu<u>s</u>awo döpüi jär ün gräw).
T Von welchem Gleis fährt der Zug ab? De quel quai part le train (dö käl kä par lö tre)?
A Von Gleis sechs. Du quai six (dü kä sis).
T Muss ich umsteigen? Est-ce que je dois changer de train (äskö <u>sch</u>ö doa scha<u>sch</u>e dö tre)?
A Sie müssen in Lyon umsteigen. Vous devez changer à Lyon (wu döwe scha<u>sch</u>e a ljo).
T Werde ich Anschluss nach Paris haben? Je prendrai ma correspondance pour Paris (<u>sch</u>ö pradre ma kOrespodas pur pari)?
A Ja. Oui (ui).
T Wie lange dauert die Fahrt? Combien de temps dure le voyage (kobje dö ta dür lö woaja<u>sch</u>)?
A Normalerweise fünf Stunden, aber heute *als Folge des* Streiks acht Stunden. Normalement cinq heures, mais aujourd'hui *par suite de* la grève huit heures (nOrmalma sek Ör mä o<u>sch</u>urdüi par süit dö la gräw üit Ör).
T Gibt es einen Liegewagen? Il y a un wagon couchettes (ilja e wago kuschät)?
A Ja, aber *wegen* dem Streik nur bis Lyon. Oui, mais *à*

cause de la grève seulement jusqu'à Lyon (ui mä a ko<u>s</u> dö la gräw sÖlm*a* <u>sch</u>üska lj*o*).

T Ich möchte einen Fenster- und Liegeplatz reservieren. Je voudrais réserver un coin fenêtre et une couchette (<u>sch</u>ö wudrä re<u>s</u>ärwe *e* ko*e* fönätr e ün kuschät). Eine Fahrkarte in der zweiten Klasse, hin und zurück, die Rückfahrt bitte ohne Streik. Un billet en deuxième classe, aller - retour, le retour sans grève, s'il vous plait (*e* bijä *a* dö<u>s</u>jäm klas ale rötur lö rötur s*a* gräw silwuplä).

Hauptwörter (Substantive)

Im Französischen gibt es **nur männliche und weibliche Hauptwörter.**
R männliches Hauptwort + e > weibliches Hauptwort
z. B. Franzose / français + e > française / Französin
Das e wird nicht ausgesprochen.
Unregelmäßige Formen, z. B. Bäcker(in) boulang**er** / **ère**, Direktor(in) direct**eur** / **trice**, Verkäufer(in) vend**eur** / **euse**.

F Männliches oder weibliches Geschlecht?

B Während der Reise liest Paul in der Zeitung den Artikel: Die Arbeit des Fremdenverkehrsamtes.
 Pendant le voy**age** Paul lit dans le journ**al** l'article: Le trav**ail** de l'office du tour**isme**.
A Meistens **männlich** sind:
 Wörter mit den **Endungen** -**age**, -**al**, -**ail** und -**isme**
B Ich liebe das Weiß der Apfelbäume des Nordens.
 J'aime le blanc des pommiers du nord.
A **Farben, Bäume und Himmelsrichtungen** sind männlich.
B Die Schulpause mit einem Baguette und einem Spaziergang ist wichtig für die Gesundheit.
 La récréa**tion** avec une bagu**ette** et une prome**nade**

	est importante pour la santé.
A	Meistens **weiblich** sind: Wörter mit den **Endungen -ion, -ette, -ade** und **-té**.
B	Ein Schiff, das Renaults transportiert, fährt auf der Seine durch Frankreich. Un navire qui transporte des Renault va sur la Seine par la France.
A	**Automarken sowie Fluss- und Ländernamen mit der Endung -e sind weiblich.**

Die Mehrzahl (Plural)

B	Der Junge und das Mädchen essen die Orange. Le garçon et la fille mangent l'orange.
MZ	Les garçons et les filles mangent les oranges.
R	**Einzahl + s > Mehrzahl.** Das s wird nicht ausgesprochen.

F Unregelmäßige Mehrzahl

B	Das Mädchen liebt den Kuchen und das Spiel. La fille aime le gâteau et le jeu.
MZ	Les filles aiment les gâteaux et les jeux.
A	Hauptwörter auf **-au** und **-eu** bilden die Mehrzahl durch Anfügen eines **-x**.
B	Der Junge liest die Zeitung. Le garçon lit le journal.
MZ	Les garçons lisent les journ**aux**.
A	Hauptwörter auf **-al** bilden die Mehrzahl meistens auf **-aux**.

F Gleiche Endung in der Einzahl und Mehrzahl

Bei Wörtern auf **s**, **x** oder **z** ist die Endung in der Einzahl und Mehrzahl gleich, z. B.
der Arm / le bras MZ les bras
die Stimme / la voix MZ les voix
die Nase / le nez MZ les nez.

Wochentage

Montag	lundi l*e*di
Dienstag	mardi
Mittwoch	mercredi märkrödi
Donnerstag	jeudi <u>sch</u>ödi
Freitag	vendredi v*a*drödi
Samstag	samedi samdi
Sonntag	dimanche dim*a*sch

Monate

Januar	janvier <u>sch</u>*a*wje
Februar	février fewrje
März	mars
April	avril awril
Mai	mai mä
Juni	juin <u>sch</u>ü*e*
Juli	juillet <u>sch</u>üijä
August	août ut
September	septembre säpt*a*br
Oktober	octobre OktObr
November	novembre nOw*a*br
Dezember	décembre des*a*br

Jahreszeiten

Frühling	printemps pr*eta*	Herbst	automne otOn
Sommer	été ete	Winter	hiver iwär

R   Wochentage, Monate und Jahreszeiten sind **männlich**.

Lernen Sie bitte noch die Wörter von <u>Eintrittspreis</u> bis <u>Führung</u>.

Vierter Tag

Die Panne. La panne.

Ort: Paris
Tourist T, Passantin P, Angestellter A, Mechaniker M

T Entschuldigung, wo befindet sich die nächste Werkstatt? Pardon, où se trouve le garage le plus proche (pard*o* u sö truw lö gara<u>sch</u> lö plü pr*O*sch)?
P (lachend / en riant) Genau hinter Ihnen. Exactement derrière vous (äksaktöm*a* därjär wu).
A Guten Tag, was gibt es? Bonjour, qu'est-ce qu'il y a (b*o*<u>sch</u>ur käskilja)?
T Ich habe eine Panne. Je suis en panne (<u>sch</u>ö süis*a* pan). Könnten Sie mein Auto überprüfen? Pourriez-vous vérifier ma voiture (purjewu werifie ma woatür)? Es hat angehalten und fährt *nicht mehr*. Elle s'est arrêtée et *ne* démarre *plus* (äl sätaräte e nö demar plü).
A Wo hat es angehalten? Où s'est-elle arrêtée (u sätäl aräte)?
T Genau vor der Werkstatt. Exactement devant le garage (äksaktöm*a* döw*a* lö gara<u>sch</u>).
A Bravo, das ist ein gutes Auto. Bravo, c'est une bonne voiture (brawo sätün b*O*n woatür). Bitte den Autoschlüssel. S'il vous plait la clef de la voiture (silwuplä la kle dö la woatür). Während mein Mechaniker das Auto kontrolliert, können Sie einen Kaffee trinken. Pendant que mon mécanicien contrôle la voiture, vous pouvez boire un café (p*a*d*a* kö m*o* mekanisj*e* k*o*trol la woatür wu puwe boar *e* kafe).
Der Mechaniker kommt nach 3 Minuten zurück. Le mécanicien retourne après 3 minutes.
T Warum springt das Auto *nicht mehr* an? Pourquoi est-ce que la voiture *ne* démarre *plus* (purkoa äskö la woatür

nö demar plü)?
M Raten Sie ein wenig. Devinez un peu (döwine *e* pö).
T Funktioniert der Anlasser nicht? Le démarreur ne fonctionne pas (lö demarÖr nö f*o*ksjOn pa)?
M Nein. Non (n*o*).
T Ist die Batterie leer? La batterie est à plat (la batri äta pla)?
M Nein, aber der Benzintank ist leer. Non, mais le réservoir d'essence est vide (n*o* mä lö resärwoar des*a*s ä wid).

Eigenschaftswörter (Adjektive)

B   Der kleine Junge und das kleine Mädchen essen die Orange.
    Le petit garçon et la petite fille (1) mangent l'orange.
MZ Les petits garçons et les petites filles (2) mangent les oranges.
A 1 **Männliche Form** (petit) + **e** > **weibliche Form** (petite). Männliche und weibliche Form sind bei Adjektiven auf e gleich, z. B. le jeune garçon, la jeune fille.
2 **Einzahl** (petite) + **s** > **Mehrzahl** (petites).
R   Das zugehörige Hauptwort bestimmt Zahl und Geschlecht des Adjektivs. Bei Hauptwörtern mit verschiedenem Geschlecht steht das männliche Adjektiv, z. B. Le garçon et la fille sont petits.

F Adjektive mit zwei männlichen Formen

	m	**m**	**w**
schön	beau	bel	belle
neu	nouveau	nouvel	nouvelle
alt	vieux	vieil	vieille

Die zweite männliche Form wird vor Vokal oder stummem h verwendet, z. B. Das neue Jahr. Le nouvel an.

Die Stellung des Eigenschaftswortes
B Der französische Kapitän hat ein rotes Schiff.
Le capitain **français** a un bateau **rouge**.
A Normalerweise stehen die Adjektive nach dem Hauptwort.
Ausnahmen: **Vor dem Hauptwort** stehen **einsilbige und kurze Adjektive** sowie die gegensätzlichen Adjektive jung / **jeune** alt / **vieux**, klein / **petit** groß / **grand**, gut / **bon** schlecht / **mauvais** und hübsch / **joli**.

Die Steigerung des Eigenschaftswortes
A ist schön. A est belle.
B ist *schöner* als A. B est *plus belle* que A.
C ist die Schönste. C est **la** *plus belle*.
D ist *weniger schön* als A. D est *moins belle* que A.
D ist die am wenigsten Schöne. D est **la** *moins belle*.
A Bildung des *Komparativs*: *plus (moins) + Adjektiv*
Superlativ: **bestimmter Artikel** + *Komparativ*

F Gegensätzliche Begriffe
breit / schmal **large / étroit**; draußen / drinnen / **dehors / dedans**; erster / letzter **premier / dernier**; frei / besetzt **libre / occupé**; früh / spät **tôt / tard**; hart / weich **dur / mou**; hell / dunkel **clair / sombre**; warm / kalt **chaud / froid**; hier / dort **ici / là**; hoch / niedrig **haut / bas**; hinauf / hinunter **en haut / en bas**; leicht / schwierig **facile / difficile**; leicht / schwer **léger / lourd**; lang / kurz **long / court**; links / rechts **à gauche / à droite**; laut / leise **bruyant / silencieux**; nach / vor **après / avant**; nah / fern **proche / lointain**; darauf / darunter **dessus / dessous**; offen / geschlossen **ouvert / fermé**; richtig / falsch **juste / faux**; schnell / langsam **rapide / lent**; schön / hässlich **beau / laid**; stark / schwach **fort / faible**; süß / sauer **doux / acide**; schwarz / weiß **noir / blanc**.
Lernen Sie bitte noch die Wörter von <u>Fuß</u> bis <u>Hand</u>.

Fünfter Tag

Erste Begegnung. Première rencontre.

Ort: Vor einem Hotel in Korsika. Neben dem Eingang stehen zwei Koffer.
Touristin F, Tourist M

M Gefällt es Ihnen hier? Ça vous plait ici (sa wu plä isi)?
F Ja, es gefällt mir. Oui, ça me plait (üi sa mö plä).
M Woher kommen Sie? Vous êtes d'où (wusät du)?
F Ich komme aus Nizza. Je viens de Nice (schö wje dö nis).
M Welche Überraschung, ich auch. Quelle surprise, moi aussi (käl sürpris moa osi). Was machen Sie beruflich? Qu'est-ce que vous faites comme travail (käskö wu fät kOm trawaj)?
F Ich studiere. Je fais des études (schö fä desetüd).
M Ich auch. Moi aussi (moa osi). Ich heiße Tom. Je m'appelle Tom (schö mapäl).
F (lächelnd / en souriant) Sehr erfreut. Enchantée (*a*scha - te).
M Wie heißen Sie? Comment vous appelez-vous (kOm*a* wusaplewu)?
F Ich heiße Giselle. Je m'appelle Giselle (schisäl).
M Haben Sie ein gutes Hotel *gefunden*? Vous avez *trouvé* un bon hôtel (wusawe truwe *e* b*o*notäl)?
F Ja, dieses Hotel dort. Oui, cet hôtel-là (ui sätotäl la).
M Welche Überraschung, ich bin auch in diesem Hotel. Quelle surprise, je suis aussi dans cet hôtel (käl sürpris schö süi osi d*a* sätotäl). Sind Sie mit der Familie *hier*? Vous êtes *ici* avec la famille (wusät isi awäk la famij)?
F Nein, ich bin allein. Non, je suis seule (n*o* schö süi sÖl).
M Ich auch. Moi aussi (moa osi). Ich bin *vorgestern* angekommen. Je suis arrivé *avant hier* (schö süi ariwe aw*a*

jär). *Wann* sind Sie angekommen? Vous êtes arrivée *quand* (wus̲ät ariwe k*a*)?

F Vor einer Woche. Il y a une semaine (ilja ün sömän).

M *Wie lange* bleiben Sie? Vous restez *combien de temps* (wu räste k*o*bj*e* dö t*a*)?

F Ich reise gerade ab. Je suis en train de partir (s̲c̲hö süis*a* tr*e* dö partir). Dort sind meine Koffer. Voilà mes valises (woala me walis̲). Ich warte auf den Taxichauffeur, um zum Hafen zu *fahren*. J'attends le chauffeur de taxi pour *aller* au port (s̲c̲hat*a* lö schofÖr dö taksi pur ale o pOr).

M Das ist schade. C'est dommage (sä dOmas̲c̲h). Können wir uns in Nizza w*ieder sehen*? Est-ce qu'on peut se *revoir* à Nice (äsk*o* pö sö röwoar a nis)? Gehen wir ins Kino? On va au cinéma (*o* wa o sinema)?

F Ich interessiere mich *nicht* für das Kino. Je *ne* m'intéresse *pas* au cinéma (s̲c̲hö nö m*e*teräs pa o sinema).

M Haben Sie Lust, in eine Diskothek zu gehen? Ça vous dit d'aller à une discothèque (sa wu di dale a ün diskOtäk)?

F Ich habe keine *Lust*, in eine Diskothek zu gehen. Je n'ai pas *envie* d'aller à une discothèque (s̲c̲hö ne pas̲*a*wi dale a ün diskOtäk).

M Womit beschäftigen Sie sich in Ihrer Freizeit? De quoi vous occupez-vous dans votre temps libre (dö koa wus̲o̲küpewu d*a* wOtr t*a* libr)?

F Mein Hobby ist die Oper. Mon hobby est l'opéra (m*o*nobi ä lOpera).

M Das ist auch mein Hobby. C'est aussi mon hobby (sätosi m*o*nobi). Haben Sie am 6. September *Zeit*? Vous avez du *temps* le six septembre (wus̲awe dü t*a* lö si säpt*a*br)?

F Einen Moment, bitte. Un moment, s'il vous plait (e mom*a* silwuplä). Ich muss in meinem *Kalender* nachschauen. Je dois regarder mon *agenda* (s̲c̲hö doa rögarde m*o*n as̲c̲h*e*da). Ja, am sechsten September bin ich frei. Oui, le six septembre je suis libre (ui lö si säpt*a*br s̲c̲hö süi libr).

M (nimmt sein Handy und wählt eine Telefonnummer / prend son téléphone portable et compose un numéro de téléphone): Hallo, guten Tag, Tom Delorme am Apparat. Allo, bonjour, Tom Delorme à l'appareil (alo bo<u>sch</u>ur aparäj). Könnte ich mit Frau Dupont sprechen? Est-ce que je pourrais parler à Madame Dupont (askö <u>sch</u>ö purä parle a madam düp*o*)? Was wird am sechsten September in der Oper gespielt? Qu'est-ce qu'il y a le six septembre à l'opéra (käskilja lö si säpt*a*br a lOpera)? Oh, eine Premiere. Oh, une première (ün prömjär). Wer ist der Solist? Qui est le soliste (ki ä lö sOlist)? Oh, Placido Domingo. Gibt es noch zwei Plätze? Il y a encore deux places (ilja *a*kOr dö plas)? Ich möchte zwei Plätze auf dem Balkon reservieren. Je voudrais réserver deux places au balcon (<u>sch</u>ö wudrä re<u>s</u>ärwe dö plas o balk*o*).

F Was wird gespielt? Qu'est-ce qu'on joue (käsk*o* <u>sch</u>u)?

M (lächelnd / en souriant): Die Hochzeit des Figaro. Le mariage du Figaro (lö marja<u>sch</u> dü figaro).

Das Umstandswort (Adverb)

B Der Junge und das Mädchen essen langsam.
Le garçon et la fille mangent lentement.

R Bildung des Adverbs: weibliche Form des Adjektivs + ment

langsam: lent (m) <u>lente (w) + ment</u> > lentement

<u>Ausnahme</u>: Bei Adjektiven, die auf einem Vokal enden, wird das Adverb von der männlichen Form abgeleitet.

wahr: vraie (w) <u>vrai (m) + ment</u> > vraiment

R Das Adverb ist wie im Deutschen **unveränderlich**.

F Die Steigerung des Umstandswortes

A schminkt sich oft. A se maquille souvent.
B se maquille *plus* souvent que A (*Komparativ*).
C se maquille **le plus** souvent (**Superlativ**).

D se maquille *moins* souvent que A.
D se maquille **le moins** souvent.
R *Komparativ: plus (moins)* + Adverb
Superlativ: le plus (le moins) + Adverb

F Ausdruck der Gleichheit

Charles hat ebenso viel Gesundheitsrisiko wie Paul, weil er ebenso viel raucht wie Paul, weil er ebenso oft isst wie Paul und weil er ebenso dick ist wie Paul.
Charles a **autant de** risque sanitaire **que** Paul (1), parce qu'il fume **autant que** Paul (2), parce qu'il mange **aussi** souvent **que** Paul (3) et parce qu'il est **aussi** gros **que** Paul (4).
A   Die Gleichheit wird ausgedrückt:
bei Hauptwörtern mit **autant de ... que** (1)
bei Verben mit **autant que** (2)
bei Umstands- und Eigenschaftswörtern mit
aussi ... que (3+4).

Die Umstandswörter von bon und mauvais

B   Nach einem guten Abendessen fühle ich mich gut.
Après un **bon** dîner je me sens **bien**.
bon (Eigenschaftswort) bien (Umstandswort)
B   Nach einem schlechten Abendessen fühle ich mich schlecht.
Après un **mauvais** dîner je me sens **mal**.
mauvais (Eigenschaftswort) mal (Umstandswort)

F Unregelmäßige Steigerung

bon	meilleur	le, la meilleur/e
gut	besser	der, die, das beste
bien	mieux	le mieux
gut	besser	am besten

mauvais	pire	le, la pire
schlecht	schlimmer	der, die, das schlimmste
mal	pis	le pis
schlecht	schlimmer	am schlimmsten

Begrüßung und Verabschiedung

Ort: Hotel Ritz in Paris.
eine Frau F, ein Mann M

M Guten Tag, wie geht es Ihnen? Bonjour, comment allez-vous (b*o*schur kOm*a*talewu)?
F Sehr gut, danke, und Ihnen? Très bien, merci, et vous (trä bj*e* märsi e wu)?
M Ich heiße Hahn. Je m'appelle Hahn (<u>sch</u>ö mapäl). Wie heißen Sie? Comment vous appelez-vous (kOm*a* wu<u>s</u>aplewu)?
F Ich heiße Henne. Je m'appelle Henne.
M Sehr erfreut. Enchanté (*a*shate). *Woher* kommen Sie? Vous êtes *d'où* (wu<u>s</u>ät du)?
F Ich komme aus Deutschland. Je viens de l'Allemagne. (<u>sch</u>ö wj*e* dö lalmanj).
M Meine Vorfahren sind *auch* aus Deutschland gekommen. Mes ancêtres sont venus de l'Allemagne *aussi* (mes*a*sätr so wönü dö lalmanj osi).
F ... Es tut mir leid, aber ich muss jetzt gehen. Je suis désolée, mais je dois partir maintenant (<u>sch</u>ö süi desOle mä <u>sch</u>ö doa partir m*e*tn*a*).
M Auf Wiedersehen, Frau Henne und gute Heimfahrt nach Deutschland. Au revoir, madame Henne, et bon retour en Allemagne (o röwoar madam e b*o* rötur *a*nalmanj).

Lernen Sie bitte noch die Wörter von <u>Handtuch</u> bis <u>Liegestuhl</u>.

Sechster Tag

Das Hochzeitskleid. La robe de mariée.

Ort: Ein Bekleidungshaus in Nizza.
Giselle G, Verkäuferin V

V Kann ich *Ihnen* helfen? Je peux *vous* aider (schö pö wusede)?
G Ich suche ein Hochzeitskleid. Je cherche une robe de mariée (schö schärsch ün rOb dö marie).
V Welche Größe? Quelle taille (käl taj)?
G Ich trage die Größe vierzig. Je porte du quarante (schö pOrt dü karat).
V Können Sie das Kleid *beschreiben*, welches Sie wünschen. Vous pouvez *décrire* la robe que vous désirez (wu puwe dekrir la rOb kö wu desire)?
G Ich wünsche ein elegantes und traditionelles Kleid. Je désire une robe élégante et traditionnelle (schö desir ün rOb elegat e tradisjOnäl).
V Welche Farbe? De quelle couleur (dö käl kulÖr)?
G Ich möchte ein weißes Kleid. Je voudrais une robe blanche (schö wudrä ün rOb blasch).
V Dieses ist elegant und traditionell, nicht wahr? Celle-ci est élégante et traditionnelle, n'est-ce pas (sälsi ätelegat e tradisjOnäl näspa)?
G Ja, kann ich es anprobieren? Oui, je peux l'essayer (ui schö pö leseje)?
V Sehr gern. Volontiers (wOlotje). Hier sind die Ankleidekabinen. Voici les cabines d'essayage (woasi le cabin desäjasch).
G (steht vor dem Spiegel und betrachtet ihr Spiegelbild / est debout devant le miroir et regarde son reflet):
Das steht mir sehr gut. Cela va très bien (söla wa trä bje)! Dieses Kleid ist ein Traum. Cette robe est un rêve

(sät rOb ät*e* räw). Wie viel kostet dieser Traum? Combien coûte ce rêve (k*o*bj*e* kut sö räw)?
V Zweitausend Euro. Deux mille Euro (dö mil öro).
G Wie schade! Quel dommage (käl dOma<u>sch</u>). Ich kann *nicht* mehr als 1000 Euro ausgeben. Je *ne* peux *pas* dépenser plus de mille Euro (<u>sch</u>ö nö pö pa dep*a*se plü dö mil öro).
V Eine Minute, bitte. Une minute, s'il vous plait (ün minüt silwuplä). Ich werde mit dem *Abteilungsleiter* telefonieren. Je vais téléphoner au *chef de rayon* (<u>sch</u>ö wä telefOne o schäf dö räj*o*).
Nach dem Telefongespräch. Après le coup de téléphone.
Sie können das Kleid für 1500 Euro *kaufen*. Vous pouvez *acheter* la robe pour mille cinq cent Euro (wu puwe aschte la rOb pur mil s*e*k s*a* öro).
G Einverstanden, ich nehme *es*. D'accord, je *la* prends (dakOr <u>sch</u>ö la pr*a*).

Regelmäßige Verben (Präsens / Gegenwart)

Erste Gruppe: Verben auf -er:
Bsp. parler / sprechen
je parl **e** ich spreche   nous parl **ons** wir sprechen
tu parl **es** du sprichst   vous parl **ez** ihr sprecht
il/elle parl **e** er/sie spricht   ils/elles parl **ent** sie sprechen
Die Endung -ent spricht man nicht aus.

Zweite Gruppe: Verben auf -ir
Bsp. finir / beenden
je fini **s** ich beende   nous fin **iss** ons
tu fini **s**   vous fin **iss** ez
il/elle fini **t**   ils/elles fin **iss** ent
Vor den Plural Endungen wird **iss** eingefügt.

Dritte Gruppe: Verben auf -**re**:
Bsp. vendre (w*a*dr) / verkaufen
je vend **s** ich verkaufe   nous vend ons
tu vend **s**   vous vend ez
il/elle ven **d**   ils/elles vend ent
A Alle 3 Gruppen haben die gleichen Plural Endungen.

Vergangenheit (Imperfekt)

Bildung: **Verbstamm** der 1. Pers. Pl des Präsens +
Imperfekt Endungen von avoir
Der **Verbstamm** ist das, was übrig bleibt, wenn man die Endung des Verbs streicht.

nous **parl** ons   +   j'av **ais**   >   je parl **ais** ich sprach
nous **vend** ons   +   j'av **ais**   >   je vend **ais**
nous **finiss** ons +   j'av **ais**   >   je finiss **ais**
                        tu av **ais** >   tu finiss **ais**
                        il av **ait** >   il finiss **ait**
                        nous av **ions** > nous finiss **ions**
                        vous av **iez** > vous finiss **iez**
                        ils av **aient** > ils finiss **aient**

Bedingungsform (Konditional)

Bildung: Infinitiv + **Imperfekt Endungen von avoir**
Bsp. je parlerais / ich würde sprechen
parler   +   j'av **ais**   >   je parler **ais**
vendre   +   j'av **ais**   >   je vendr **ais**
finir   +   j'av **ais**   >   je finir **ais**
             tu av **ais** >   tu finir **ais**
             il av **ait** >   il finir **ait**
             nous av **ions** > nous finir **ions**
             vous av **iez** > vous finir **iez**
             ils av **aient** > ils finir **aient**

R Nach si = wenn steht das zu si gehörende Verb nie im Konditional, z. B. Wenn ich Millionär wäre, wäre ich reich. Si j'étais (Imperfekt) millionaire, je serais riche.

Zukunft (Futur)

Bildung: Infinitiv + **Präsens Endungen von avoir**
Bsp. je parlerai / ich werde sprechen

parler	+	j'**ai**	> je parler **ai**
vendre	+	j'**ai**	> je vendr **ai** (1)
finir	+	j'**ai**	> je finir **ai**
		tu **as**	> tu finir **as**
		il **a**	> il finir **a**
		nous av **ons**	> nous finir **ons**
		vous av **ez**	> vous finir **ez**
		ils **ont**	> ils finir **ont**

1 Das e des Infinitivs entfällt

Das zusammengesetzte Futur (Futur composé)

Bildung: **Präsens von aller** + **Infinitiv**, z. B.
Je vais téléphoner. Ich werde telefonieren.
Es wird für kurz bevorstehende Ereignisse verwendet.

Vollendete Vergangenheit (Perfekt)

B   Ich habe auf einen schönen Tag gewartet. Ich bin um
8 Uhr aufgebrochen. Ich bin auf das Land gewandert.
J'ai attend**u** un beau jour. **Je suis** part**i** à 8 heures.
J'ai march**é** à la campagne.

A   Ableitung der Grammatikregeln aus dem Beispiel:

Endung des Verbs	/	des Partizip Perfekts
warten / attendre	**-re**	**- u**
aufbrechen / partir	**-ir**	**- i**
wandern / marcher	**-er**	**- é**

R Bildung des Perfekts: **Präsens** der Hilfsverben **avoir** /
haben oder **être** / sein + **Partizip Perfekt** des Verbs.

Das Perfekt mit être

B Der Junge / das Mädchen ist zurückgekehrt.
   Le garçon est rentré. La fille est rentrée.
MZ Les garçons sont rentrés. Les filles sont rentrées.
A **Wenn das Perfekt mit être gebildet wird, richtet sich die Endung des Partizip Perfekts nach dem zugehörigen Subjekt.**

F Welche Verben bilden das Partizip Perfekt mit être?
Alle rückbezüglichen (reflexiven) Verben, z. B. ich habe mich informiert / je me suis informé.
Die meisten Verben der Bewegung, z. B. abreisen / partir, ankommen / arriver, zurückkehren / retourner, hinaufsteiigen / monter, heruntersteigen / descendre, fallen / tomber, kommen / venir, eintreten / entrer, gehen / aller, ausgehen / sortir.

Das Perfekt mit avoir

B Der Junge / das Mädchen hat gegessen.
B Le garçon / la fille a mangé.
MZ Les garçons / les filles ont mangé.
R **Wenn das Perfekt mit avoir gebildet wird, ist die Endung des Partizip Perfekts unveränderlich.**

Ausnahme: Bei vorausgehendem **Akkusativ**objekt richtet sich das Partizip Perfekt in Geschlecht und Zahl nach diesem Objekt.

B Hast du den Jungen (das Mädchen) gesehen?
   Ich habe ihn (es) gesehen.
   Tu as vu le garçon. Je l'ai vu.
   Tu as vu la fille? Je l'ai vue.
MZ Tu as vu les garçons? Je les ai vus.
   Tu as vu les filles? Je les ai vues.
F Im Gegensatz zum Deutschen bildet das Wort sein / être das Perfekt mit dem Hilfsverb avoir, z. B.
   Ich bin in Paris gewesen. J'ai été à Paris (été: unregelmäßiges Partizip Perfekt von être).

F Das Partizip Präsens

Bildung: **Verbstamm** der 1. Pers. Pl des Präsens + **ant**
B nous **dans** ons + **ant** > dansant / tanzend
   Hier sind der Junge und das Mädchen, gemeinsam tanzend. Voici le garçon et la fille **dansant** ensemble.
A Das Partizip Präsens ist **unveränderlich.**

Das Gerund: en + Partizip Präsens

B Ils dansent **en écoutant** de la musique. Sie tanzen **und hören dabei** Musik.
R Das Gerund drückt die **Gleichzeitigkeit** zweier Vorgänge aus.

F Die Befehlsform (Imperativ)

R Die Befehlsformen werden vom Präsens abgeleitet.

Präsens	Befehlsform (Imperativ)
tu parles	(es > e) **parle**! sprich!
nous parlons	**parlons**! sprechen wir!
vous parlez	**parlez**! sprecht! Sprechen Sie!

Unregelmäßige Verben

wollen / **vouloir** Präsens: je veux, tu veux, il veut, nous voulons, vous voulez, ils veulent
Pf j'ai voulu
Konditionalform: Je voudrais
können / **pouvoir** Präsens: je peux, tu peux, il peut, nous pouvons, vous pouvez, ils peuvent
Pf j'ai pu
Konditionalform: Je pourrais
gehen / **aller** Präsens: je vais, tu vas, il va, nous allons, vous allez, ils vont
Pf ich bin gegangen / je suis allé

Lernen Sie bitte noch die Wörter von Likör bis Party.

Siebter Tag

Le voyage de noces. Die Hochzeitsreise.

Ort: Flughafen in Nizza.
Giselle G, Tom T, Angestellter A

T À quelle heure part le vol charter pour Paris (a käl Ör par lö wOl schartär pur pari)? Um wieviel Uhr startet der Charterflug nach Paris?

A Vous avez encore un peu de temps (wus̲awe *a*kOr *e* pö dö t*a*). Sie haben noch ein wenig Zeit. Le départ est à neuf heures (lö depar äta nöf Ör). Der Start ist um neun Uhr.

G À quelle heure arrive l'avion (a käl Ör ariw lawj*o*)? Um wie viel Uhr kommt das Flugzeug an?

A Si l'avion part *à l'heure*, l'arrivée est vers dix heures (si lawj*o* par a lÖr lariwe ä wär disÖr). Wenn das Flugzeug *pünktlich* startet, ist die Ankunft gegen 10 Uhr. C'est la première *fois* que vous allez à Paris (sä la prömjär foa kö wus̲ale a pari)? Fahren Sie zum ersten *Mal* nach Paris?

G Oui, c'est notre voyage de noces (ui sä nOtr woajas̲ch dö nOs). Ja, das ist unsere Hochzeitsreise.

A Félicitations pour le mariage (felisitasj*o* pur lö marjas̲ch). Glückwünsche zur Hochzeit. Vous avez *trouvé* un bon hôtel (wus̲awe truwe *e* b*o*notäl)? Haben Sie ein gutes Hotel *gefunden*?

T Oui, près de la cathédrale *Notre Dame* au *Quartier Latin* (ui prä dö la katedral nOtr dam o kartje lat*e*). Ja, bei der Kathedrale *Notre-Dame* im *Quartier latin*.

A J'ai *vécu* dans ce quartier de 1988 à 1996 (s̲che vekü d*a* sö kartje). Ich habe in diesem Viertel von 1988 bis 1996 *gelebt*. Chaque fois que je pense à Paris j'éprouve une grande nostalgie de cette belle ville (schak foa kö s̲chö p*a*s a pari s̲chepruw ün gr*a*d nOstals̲chi dö sät bäl wil).

Jedes Mal, wenn ich an Paris denke, fühle ich ein großes Heimweh nach dieser schönen Stadt.

G Qu'est-ce qui vous a *impressionné* le plus à Paris (käski wu<u>s</u>a epräsjOne lö plu a pari)? Was hat Sie in Paris am meisten *beeindruckt*?

A C'est une demande difficile (sätün dömad difisil). Das ist eine schwierige Frage. Peut-être la vue sur la **Seine** sous les ponts de Paris ou bien la vue de mon apartement sur le ciel bleu au dessus des toits de Paris (pötätr la wü sür la sän su le po dö pari u bje la wü dö monapartma sür lö säl blö o dösü de toa dö pari). Vielleicht der Blick auf die *Seine* unter den Brücken von Paris oder die Aussicht von meiner Wohnung auf den blauen Himmel über den Dächern von Paris. Peut-être ce soir-là sur la **place de la concorde**, quand le soleil rouge se couchait derrière la **tour Eiffel** (pötätr sö soarla sür la plas de la kokOrd ka lö sOläj ru<u>sch</u> sö kushä därjär la tur äfäl). Vielleicht jener Abend auf dem *Concorde-Platz*, als die rote Sonne hinter dem *Eiffelturm* unterging. Peut-être cette nuit-là, quand j'ai regardé l'océan de lumières de la ville du restaurant le plus haut de la tour Eiffel (pötätr sät nüila ka <u>sch</u>e rögarde lOsea dö lümjär dö la wil dü rästOra lö plü o dö la tur äfäl). Vielleicht jene Nacht, als ich das Lichtermeer der Stadt vom höchsten Restaurant des Eiffelturms betrachtet habe. Peut-être la beauté séduisante des danseuses du **Lido** et du **Moulin Rouge** (pötätr la bote sedüisat de da<u>s</u>Ös dü lido e dü mule ru<u>sch</u>). Vielleicht die verführerische Schönheit der Tänzerinnen des *Lido* und des *Moulin Rouge*. Peut-être ce matin-là, quand j'ai vu devant l'église **Sacré-Cœur** après une nuit blanche le lever du soleil rosé (pötätr sö matela ka <u>sch</u>e wü döva leglis sakre kÖr aprä<u>s</u>ün nüi blasch lö löwe dü sOläj rose). Vielleicht jener Morgen, als ich vor der Kirche *Sacré-Coeur* nach einer schlaflosen Nacht den Aufgang der rosigen Sonne gesehen habe. Qu'est-ce qui m'a impressionné le plus (käski ma epräsjOne lö plü)? Was hat mich am meisten beeindruckt? Je ne *le* sais pas (<u>sch</u>ö nö lö sä pa). Ich weiß *es* nicht. Mais je sais que vous serez très heureux pendant ce voyage de noces, parce que Paris est la ville parfaite pour s'aimer et pour cela le lieu idéal pour un voyage de noces (mä <u>sch</u>ö sä kö wu sere träs̲örö p*a*d*a* sö woaja<u>sch</u> dö nOs parskö pari ä la wil parfät pur seme e pur sela lö ljö ideal pur *e* woaja<u>sch</u> dö nOs). Aber ich weiß, dass Sie während dieser Hochzeitsreise sehr glücklich sein werden, weil Paris die perfekte Stadt ist, um sich zu lieben und deshalb der ideale Ort für eine Hochzeitsreise.

T Quel est le numéro de notre porte d'embarquement (käl ä lö nümero dö nOtr pOrte d*a*barköm*a*)? Welches ist unsere Gatenummer?

A 6 F (sis ef). Voici les cartes d'embarquement (woasi le kart d*a*barköm*a*). Hier sind die Bordkarten. Saluez Paris de ma part (salüe pari dö ma par). Grüßen Sie Paris von mir.

Die unbetonten Fürwörter (Pronomen)

Fürwörter stehen **für** andere Wörter, um eine Wiederholung zu vermeiden, z. B. Triffst du Paul? Ja, ich treffe **ihn**. Tu rencontres Paul? Oui, je **le** rencontre.

Das rückbezügliche Fürwort (Reflexivpronomen)
B Ich wasche *mich*. Je *me* lave.

Subjektfürwort	Reflexivpronomen	Verb
je	me	lave
tu	te	laves
il/elle	se	lave
nous	nous	lavons
vous	vous	lavez
ils/elles	se	lavent

Reflexivpronomen	Akkusativpronomen	Dativpronomen
me	me	me
te	te	te
se	**le, la**	**lui**
nous	nous	nous
vous	vous	vous
se	**les**	**leur**

Von den Reflexivpronomen kann man die **Akkusativpronomen** ableiten, indem man se (3. P. Sg) durch **le, la** und se (3. P. Pl) durch **les** ersetzt. Von den Akkusativpronomen kann man die **Dativpronomen** ableiten, indem man le, la durch **lui** und les durch **leur** ersetzt.

B Ich treffe *dich*. Je *te* rencontre.

Subjektfürwort	Akkusativfürwort	Verb
Je	te	rencontre
Tu	me	rencontres
Il	**la**	rencontre
Elle	**le**	rencontre
Nous	vous	rencontrons
Vous	nous	rencontrez
Ils/elles	**les**	rencontrent

B Ich gebe *dir* ein Geschenk Je *te* donne un cadeau.

Subjektfürwort	Dativfürwort	Verb
Je	te	donne
Tu	me	donnes
Il	**lui**	donne
Elle	**lui**	donne
Nous	vous	donnons
Vous	nous	donnez
Ils/elles	**leur**	donnent

Gebrauch des Subjektfürworts
Wo sind die Jungen und Mädchen? Sie sind im Haus.
Où sont les garçons et les filles? **Ils** sont à la maison.
Bei männlichen und weiblichen Subjekten: **ils**.
Für die Anrede mit **Sie** verwendet man die 2. Pers. Pl. **Vous** avez choisi, Monsieur? Haben Sie gewählt, mein Herr?
Wir fahren im Taxi, weil es regnet. Nous allons / on va en taxi parce qu' **il** pleut. Das Fürwort il steht auch als **Subjekt unpersönlicher Verben.**

Das betonte Fürwort
B Ich spreche mit dir. Je parle avec toi.

Subjektfürwort	Verb	Präposition	betontes Fürwort
Je	parle	avec	**toi**
Tu	parles	avec	**moi**
Il	parle	avec	elle
Elle	parle	avec	**lui**
Nous	parlons	avec	vous
Vous	parlez	avec	nous
Ils	parlent	avec	elles
Elles	parlent	avec	**eux**

Gebrauch des betonten Fürworts
Fürwort: Subjekt eines Satzes ohne Verb, z. B.
'Ich lese *Französisch in 10 Tagen*.' ' Ich auch.'
'Je lis *Le français en 10 jours*.' '**Moi** aussi.'
Nach einer Präposition (z. B. pour).
'Hier ist *Italienisch in 10 Tagen*. Das ist für dich.'
'Voici *L'italien en 10 jours*. C'est **pour toi**.'
Zur Hervorhebung einer Person, z. B.
Er bevorzugt *Englisch in 10 Tagen*; **sie** bevorzugen *Spanisch in 10 Tagen*. **Lui**, il préfère *L'anglais en 10 jours*; **eux**, ils préfèrent *L'espagnol en 10 jours*.
Nach dem Verb être, z. B. 'Wer hat diese 4 Bücher geschrieben?' 'Ich.' 'Qui a écrit ces 4 livres?' 'C'**est moi**.'

Die Fürwörter 'y' und 'en'

A: „Denkt er oft an seinen Nobelpreis? Il pense souvent à son prix Nobel?" **B**: „Ja, er denkt oft ***daran***. Oui, il *y* pense souvent. Alle sprechen ***davon*** und er ist stolz ***darauf***. Tout le monde *en* parle et il *en* est fier. Was sagen Sie ***dazu***? Qu'*en* dites-vous?" **A**: „Glückwunsch! Geht er nach Stockholm? Félicitations! Il va à Stockhom?" **B**: „Ja, er geht ***dorthin***. Oui, il *y* va."
Einige Zeit danach. Quelque temps après.
A: „Ist er von Stockholm zurückgekehrt? Il est retourné de Stockholm?" **B**: „Ja, er ist ***von dort*** zurückgekehrt. Oui, il *en* est retourné."

Stellung der Fürwörter

Die Fürwörter stehen in der folgenden Reihenfolge:

1	2	3	4	5	6
me					
te	le				
se	la	lui	y	en	Verb
nous	les	leur			
vous					

B Du gibst *es* mir. Tu me *le* donnes.
  Ich gebe *es* ihm / ihr. Je *le* lui donne.
  Ich treffe sie *dort*. Je les *y* rencontre.
  Ich spreche mit ihnen *darüber*. Je leur *en* parle.

Auslassungszeichen (Apostroph)

Vor einem Wort, das mit einem Vokal oder stummen h beginnt, entfällt der Vokal des Fürworts und wird durch ein Auslassungszeichen ersetzt, z. B. Ich liebe dich. Je t'aime. Dies gilt für folgende Fürwörter: je, **me, te, se, le, la** (siehe oben). Außerdem werden apostrophiert: ce, de, ne, que, si.
Achtung: si + il / ils > s'il / s'ils, jedoch: si elle / si elles.

Die Verneinung

Zwei Verneinungsteile (z. B. **ne … pas**) umschließen das Hilfsverb / Verb (und eventuelle *Pronomen*), z. B.
Je n'ai **pas** vu R. Ich habe R nicht gesehen.
Je **ne** vois **pas** R. Ich sehe R nicht.
Je **ne** *le* vois **pas**. Ich sehe *ihn* nicht.
Je **ne** vois **plus** R. Ich sehe R **nicht mehr**.
Je **ne** vois **jamais** R. Ich sehe R **nie**.
Je **ne** vois **ni** R **ni** sa famille. Ich sehe **weder** R **noch** seine Familie. Je **ne** vois **personne**. Ich sehe **niemand**.
Je **ne** vois **rien**. Ich sehe **nichts**.
Il n'y a **aucun** problème. Es gibt **kein** Problem.
In der gesprochenen Sprache entfällt oft das **ne**, z. B.
Je **ne** sais **pas** > je sais **pas**. Ich weiß nicht.
Für die Übersetzung von ‚nur' gibt es 2 Möglichkeiten:
Ohne Verb: seulement. Mit Verb: **ne … que** z. B.
Ich spreche nur deutsch. Je **ne** parle **que** l'allemand.

F Falsche Freunde

Als falsche Freunde bezeichnet man Wörter, die im **Deutschen** und *Französischen* sehr ähnlich klingen, jedoch eine verschiedene Bedeutung haben.

Apparat / appareil m *apparat* m Prunk
Artist(in) / acrobate m,f *artiste* m,f Künstler(in)
Dirigent / chef d'orchestre *dirigeant* m Führer
Gymnasium / lycée m *gymnase* m Turnhalle
Koffer / valise f *coffre* m Kofferraum
Kuvert / enveloppe f *couvert* m Gedeck, Besteck
Marmelade / confiture f *marmelade* m Kompott
Omnibus / autobus m *omnibus* m Nahverkehrszug
Porto / port m *porto* m Portwein
Weste / gilet m *veste* f Jacke
Lernen Sie bitte noch die Wörter von <u>Pfund</u> bis <u>Schweinefleisch</u>.

Achter Tag

Ankunft im Hotel. Arrivée à l'hôtel.

Ort: Hotel in Biarritz.
Tom T, Giselle G, ihre Tochter Nadine N, Hotelier H

T Guten Abend, ich heiße Tom Delorme. Bonsoir, je m'appelle Tom Delorme (b*o*soar s<u>ch</u>ö mapäl).
H Sehr erfreut. Enchanté (*a*sh*a*te).
T Wir benötigen ein Doppelzimmer und ein Einzelzimmer für unsere Tochter. Nous avons besoin d'une chambre double et d'une chambre individuelle pour notre fille (nu<u>s</u>aw*o* bös*oe* dün sch*a*br dubl e dün sch*a*br *e*diwidüäl pur n*O*tr fij).
H Wie lange bleiben Sie? Combien de temps restez-vous (k*o*bj*e* dö t*a* rästewu)?
T Eine Woche. Une semaine (ün sömän).
H Sie haben Glück. Vous avez de la chance (wu<u>s</u>awe dö la sch*a*s). Obwohl wir uns in der Hauptsaison befinden, gibt es noch einige freie Zimmer. Bien que nous avons la pleine saison il y a encore quelques chambres libres (bj*e* kö nu<u>s</u>aw*o* la plän sä<u>s</u>*o* ilja *a*kOr kälkö sch*a*br libr). Es gibt zwei Zimmer mit Bad, Balkon und Sicht auf das Meer. Il y a deux chambres avec salle de bain, balcon et vue sur la mer (ilja dö sh*a*br awäk sal dö b*e* balk*o* e wü sür la mär).
G Wie viel kosten eine Übernachtung mit Frühstück, Halbpension und Vollpension? Combien coûtent une nuit avec petit déjeuner, la demi-pension et la pension complète (k*o*bj*e* kut ün nüi awäk pöti de<u>sch</u>öne la dömip*a*sj*o* e la p*a*sj*o* k*o*plät)?
H Hier ist die Preisliste. Voici la liste des prix (woasi la list de pri).
G Das ist zu teuer. C'est trop cher (sä tro schär). Haben Sie

billigere Zimmer? Vous avez des chambres moins chères (wus̱awe de sch*a*br mo*e* schär)?

H Wir haben zwei Zimmer mit Dusche und Blick auf die Berge. Nous avons deux chambres avec douche et vue sur les montagnes (nus̱aw*o* dö sch*a*br awäk dusch e wü sür le m*o*tanj).

G Könnten wir die Zimmer sehen? Est-ce que nous pourrions voir les chambres (äskö nu purj*o* woar le sch*a*br)?

H Sehr gern. Volontiers (wOl*o*tje). Die Zimmer sind im dritten Stock. Les chambres sont au troisième étage (le sch*a*br s*o*to troas̱jäm etas̱ch). Hier ist der Aufzug. Voici l'ascenseur (woasi las*a*sÖr).

Nach der Besichtigung. Après la visite.

G Einverstanden, wir nehmen die Zimmer. D'accord, nous prenons les chambres (dakOr nu prön*o* le sch*a*br).

H Füllen Sie bitte dieses Formular aus. Je vous prie de remplir ce formulaire (s̱chö wu pri dö r*a*plir sö fOrmülär). Bitte hier eine Unterschrift. Une signature ici, s'il vous plait (ün sinjatür isi silwuplä).

T Kann *jemand* die Koffer hinauftragen? *Quelqu'un* peut monter les valises (kälk*e* pö m*o*te le walis̱)?

H Ich rufe einen Hotelboy. J'appelle un garçon (s̱chapäl *e* gars*o*). Hier sind die Schlüssel. Voici les clefs (woasi le kle).

G Um wie viel Uhr kann man frühstücken? À quelle heure servez-vous le petit-déjeuner (a käl Ör särwewu lö pöti des̱chöne)?

H Von 7 bis 10 Uhr. De sept à dix heures (dö sät a disÖr). Das Restaurant ist am Flurende. Le restaurant est au fond du couloir (lö rästOr*a* äto f*o* dü kuloar).

T Könnten Sie uns um acht Uhr wecken? Pourriez-vous nous réveiller à huit heures (purjewu nu reweje a üit Ör)?

H Sehr gern. Volontiers (wOl*o*tje). Gute Nacht. Bonne nuit (bOn nüi)! Bis Morgen. À demain (a döm*e*).

Nach einer schönen Woche. Après une belle semaine.
T Wir reisen heute ab. Nous partons aujourd'hui (nu part*o* o<u>sch</u>urdüi). Könnten Sie bitte meine Rechnung fertig machen. Pourriez-vous préparer ma note, s'il vous plait (purjewu prepare ma nOt silwuplä)?
H Die Rechnung ist fertig. La note est prête (la nOt ä prät).
T Auf Wiedersehen, das war ein sehr angenehmer Aufenthalt. Au revoir, c'était un séjour très agréable (o röwoar setä *e* se<u>sch</u>ur trä<u>s</u>agreabl).
G Das war eine wunderbare Woche. C'était une semaine merveilleuse (setä ün sömän märwäjö<u>s</u>).
N Tschüß, es war klasse. Salut, c'était formidable (salü setä fOrmidabl).
H Es war mir ein Vergnügen, Sie kennen zu lernen. Ravi d'avoir fait votre connaissance (rawi dawoar fä wOtr kOnäs*a*s). Ich hoffe, Sie nächstes Jahr wieder zu sehen. J'espère vous revoir l'année prochaine (<u>sch</u>äspär wu röwoar lane prOschän). Gute Heimreise! Bon retour (b*o* rötur)!

Das besitzanzeigende Fürwort

<u>Das **adjektivisch verwendete Fürwort** steht vor dem Hauptwort:</u>
Hier sind mein Vater, meine Mutter, meine Brüder und meine Schwestern.
Voici **mon** père, **ma** mère, **mes** frères et **mes** sœurs.

	m	EZ f		MZ m+f
mein/e	**mon**	**ma**		**mes**
dein/e	ton	ta		tes
sein/e, ihr/e	son	sa		ses

R Vor weiblichen Substantiven, die mit Vokal oder stummem h beginnen, werden die männlichen Fürwörter mon, ton, son verwendet, z. B. mon amie / meine Freundin.

Hier sind unser Vater, unsere Mutter, unsere Brüder und unsere Schwestern.
Voici **notre** père, **notre** mère, **nos** frères et **nos** sœurs.

	EZ m+f	MZ m+f
unser/e	**notre**	**nos**
euer/eure, Ihr/e	votre	vos
ihr/e	leur	leurs

R Das Geschlecht des adjektivisch verwendeten Fürworts richtet sich im Deutschen nach dem Geschlecht des Besitzers, z. B. **Er** hat **sein** Auto / **sie** hat **ihr** Auto geparkt. Im Französischen richtet es sich nach dem Geschlecht des folgenden Hauptworts: **il** / **elle** a garé **sa** voiture (**f**).

F Das <u>substantivisch verwendete Fürwort</u> vertritt ein Hauptwort:
Ist das dein Vater / deine Mutter? Nein, meiner / meine ist dort. C'est ton père / ta mère? Non, **le mien** / **la mienne** est là. Sind das deine Brüder / deine Schwestern? Nein, meine sind dort. Ce sont tes frères / tes sœurs? Non, **les miens** / **les miennes** sont là.

	m EZ f		m MZ f	
meine(r)	**le mien**	**la mienne**	**les miens**	**les miennes**
deine(r)	le tien	la tienne	les tiens	les tiennes
seine(r), ihre(r)	le sien	la sienne	les siens	les siennes

Ist das euer Vater / eure Mutter? Nein, unserer / unsere ist dort. C'est votre père / votre mère? Non, **le nôtre** / **la nôtre** est là. Sind das eure Brüder / eure Schwestern? Nein, unsere sind dort. Ce sont vos frères / vos soeurs? Non, **les nôtres** sont là.

	m EZ f	MZ m+f
unsere(r)	**le / la nôtre**	**les nôtres**
eure(r) Ihre(r)	le / la vôtre	les vôtres
ihre(r)	le / la leur	les leurs

R Vor dem substantivisch verwendeten Fürwort steht immer der bestimmte Artikel.

Das bezügliche Fürwort (Relativpronomen)

Hermann Hesse, der ein Nobelpreisträger ist, den alle kennen, liest zwei Gedichte, die ich kenne und die meine bevorzugten Gedichte sind.

Hermann Hesse **qui** (1) est un lauréat du prix Nobel **que** (2) tout le monde connaît lit deux poésies **que** (3) je connais et **qui** (4) sont mes poésies préférées.

R **Wenn das Fürwort Subjekt ist**, wird **qui** verwendet.
Wenn das Fürwort Akkusativobjekt ist, wird **que** verwendet. Das Relativpronomen wird verwendet:
im männlichen Geschlecht (1,2), im weiblichen Geschlecht (3,4), in der Einzahl (1,2), in der Mehrzahl (3,4), für Personen (1,2) und Sachen (3,4).

Drei Typen des Fragesatzes

Beispielsatz: Kommen Sie?
Typ A: Venez - vous Verb (V) + Subjekt (S)
Typ B: Vous **venez**? Subjekt (S) + Verb (V)
Typ C: Est-ce que vous venez? Est-ce que + S + V
Typ A: Die Stellung von Subjekt und Verb wird umgekehrt. Dieser Typ wird als **Inversionsfrage** bezeichnet (Inversion bedeutet Umkehrung). **Typ B**: Aussagesatz mit **Anheben der Stimme** am Satzende, so genannte **Intonationsfrage** (Intonation bedeutet Tonänderung). **Typ C**: Est-ce que + Aussagesatz, so genannte **est-ce que Frage**.

Die Stellung des Fragworts (FW)

Beispielsatz: Wann kommen Sie?
Typ A: Quand venez-vous? (**FW** + V + S)
Typ B: Vous venez **quand**? (S + V + **FW**)
Typ C: Quand est-ce que vous venez? (**FW** + est-ce que + Aussagesatz)
R Wenn bei der Inversionsfrage 2 Vokale aufeinander treffen, werden diese durch ein **t** getrennt, z. B.
Comment va - **t** - il / elle? Wie geht es ihm / ihr?

Hinweisendes **Eigenschaftswort** und *Fürwort*

B   Triffst du **diesen** Jungen hier? Nein, *diesen* dort.
Tu rencontres **ce** garçon-ci? Non, *celui*-là.
Tu rencontres **cette** fille-ci? Non, *celle*-là.
MZ Tu rencontres **ces** garçons-ci? Non, *ceux*-là.
Tu rencontres **ces** filles-ci? Non, *celles*-là.
A   Das hinweisende **Eigenschaftswort** steht vor dem Hauptwort. Das hinweisende *Fürwort* vertritt ein Hauptwort.
Neutrale *Fürwörter*: das: ce, ~ da: cela, ça ,~ hier ceci.
R   Vor Vokalen und stummem h wird ce > cet, z. B. cet ami / dieser Freund, cet hôtel / dieses Hotel.

F Wichtige Redewendungen

Wann / quand (k*a***), um wie viel Uhr / à quelle heure** (a käl Ör) öffnet / schließt: ouvre (uwr) / ferme (färm), beginnt / endet: commence (kOm*a*s) / se termine (sö tärmin), fährt ab / kommt an: part (par) / arrive (ariw), kommen wir an: est-ce qu'on va arriver (äsk*o* wa ariwe)?
Wie / comment (kOm*a*) geht es: ça va (sa wa), weit ist es nach: à quelle distance se trouve (a käl dist*a*s sö truw), lange dauert: combien dure (k*o*bj*e* dür), lange dauert es: ça prend combien de temps (sa pr*a* k*o*bj*e* dö t*a*), viel kostet es pro Tag / pro Person: ça coûte combien par jour / par personne (sa kut k*o*bj*e* par <u>sch</u>ur pärsOn)?
Was (Werfall): **qu'est-ce qui** (käski), (Wenfall): **qu'est-ce que** (käskö) gibt es: qu'est-ce qu'il y a (käskilja), ist das: qu'est-ce que c'est (käskösä), machen Sie beruflich: qu'est-ce que vous faites comme travail (käskö wu␣fät kOm trawaj)?
Muss ich / est-ce que je dois (äskö <u>sch</u>ö doa), **muss man / est-ce qu'on doit** (äsk*o* doa) reservieren / réserver (re<u>sä</u>rwe), aussteigen / descendre (des*a*dr), umsteigen / changer

(sch*a*sche), eine Kaution bezahlen / laisser une caution (lese ün kosj*o*)?
Ich möchte / je voudrais (schö wudrä) etwas / quelque chose (kälköscho<u>s</u>), ein Paar / une paire de (ün pär dö), mieten / louer (lue), zahlen / payer (peje), (eine Sache) mitnehmen / emporter (*a*pOrte), einen Diebstahl anzeigen / déclarer un vol (deklare *e* wOl), im Safe deponieren / déposer dans le coffre-fort (depo<u>s</u>e d*a* lö kOfrfOr), mir einen Termin geben lassen / prendre un rendez-vous (pr*a*dr *e* r*a*dewu), Informationen über / avoir des renseignements sur (awoar de r*a*sänjm*a* sür), besichtigen / visiter (vi<u>s</u>ite).

Unregelmäßige Verben

trinken / **boire** Präsens: je bois, tu bois, il boit,
nous buvons, vous buvez, ils boivent
Pf j'ai bu
wissen / **savoir** Präsens: je sais, tu sais, il sait,
nous savons, vous savez, ils savent
Pf j'ai su
müssen / **devoir** Präsens: je dois, tu dois, il doit,
nous devons, vous devez, ils doivent
Pf j'ai dû
kommen / **venir** Präsens: je viens, tu viens, il vient,
nous venons, vous venez, ils viennent
Pf je suis venu
nehmen / **prendre** Präsens: je prends, tu prends, il prend,
nous prenons, vous prenez, ils prennent
Pf j'ai pris
machen / **faire** Präsens: je fais, tu fais, il fait,
nous faisons, vous faites, ils font
Pf j'ai fait

Lernen Sie bitte noch die Wörter von <u>See</u> bis <u>Strand</u>.

Neunter Tag

Im Restaurant. Au restaurant.

Ort: Restaurant in Nizza.
Giselle G, Tom T, Nadine N, Kellnerin K

T Guten Tag. Bonjour (bo<u>sch</u>ur). Ich bedauere die Verspätung. Désolé d'être en retard (desOle dätr *a* rötar).
K Das macht nichts. Cela ne fait rien (söla nö fä rj*e*).
T Mein Name ist Tom Delorme. Mon nom est Tom Delorme (m*o* n*o* ä). Ich habe einen Tisch für drei Personen reserviert. J'ai réservé une table pour trois (<u>sch</u>e re<u>s</u>ärwe ün tabl pur troa).
K Dieser Tisch. Voici la table (woasi la tabl). Nehmen Sie bitte Platz. Asseyez-vous, je vous en prie (asejewu <u>sch</u>ö wus*a* pri). Hier ist die Speisekarte und die Getränkekarte. Voici la carte et la liste des boissons (woasi la kart e la list de boas*o*). Wollen Sie einen **Aperitif**? Est-ce que vous voulez un apéritif (äskö wu wule *e*naperitif)?
G Einen Kir royal, bitte. Un kir royal s'il vous plait (*e* kir roajal silwuplä).
N Einen alkoholfreien Aperitif. Un apéritif sans alcool (*e*naperitif sa<u>s</u>alkOl).
T Einen Pastis. Un pastis (*e* pastis).
Nach dem Aperitif. Après l'apéritif.
K Was wünschen Sie zu trinken? Que désirez-vous boire (kö de<u>s</u>irewu boar)?
G Ein Glas Weißwein. Un verre de vin blanc (*e* wär dö v*e* bl*a*).
N Einen Fruchtsaft. Un jus de fruits (*e* <u>sch</u>ü dö früi).
T Ein Bier vom Fass. Une bière à la pression (ün bjär a la präsj*o*).

K Welche **Vorspeise** wünschen Sie? Qu'est-ce que vous voulez comme entrée (käskö wu wule kOm *a*tre)?
T Meeresfrüchte. Fruits de mer (früi dö mär).
N Geräucherter Lachs. Saumon fumé (som*o* füme).
G Fischsuppe. Soupe de poissons (sup dö poas*o*).
K Was möchten Sie als **Hauptgericht**? Qu'est-ce que vous voulez comme plat principal? (käskö wu wule kOm pla pr*e*sipal)?
N Ich nehme ein vegetarisches Gericht. Je prends un plat végétarien (<u>sch</u>ö pr*a* *e* pla we<u>sch</u>etarj*e*). Welches Gericht empfehlen Sie mir? Quel plat me recommandez-vous (käl pla mö rökOm*a*dewu)?
K Kartoffeln mit Rosenkohl. Pommes de terre avec chou de Bruxelles (pOm dö tär awäk schu dö brüsäl).
T Ich möchte Fisch. Je voudrais du poisson (<u>sch</u>ö wudrä dü poas*o*). Seezunge mit Reis. Sole avec du riz (sOl awäk dü ri).
G Ich werde das Steak und einen gemischten Salat nehmen. Je vais prendre le steak et une salade composée (<u>sch</u>ö wä pr*a*dr lö stäk e ün salad k*o*po<u>se</u>).
K Das Steak blutig, halb gar oder durchgebraten? Le steak saignant, à point où bien cuit (lö stäk sänj*a* a po*e* u bj*e* küi)?
G Halb gar. À point (a po*e*).
K Welche Salatsoße? Quelle sauce pour la salade (käl sos pur la salad)?
G Französische Soße. Sauce française (sos fr*a*sä<u>s</u>).
Nach dem Hauptgericht. Après le plat principal.
K Wünschen Sie ein **Dessert**? Est-ce que vous voulez un dessert (äskö wu wule *e* dösär)?
T Welche Eissorten haben Sie? Quels parfums de glace avez-vous (käl parf*e* dö glas awewu)?
N Vanille, Himbeere, Erdbeere, Walnuss und Aprikose. Vanille, framboise, fraise, noix et abricot (wanij fr*a*boa<u>s</u> frä<u>s</u> noa e abriko).

T Ein gemischtes Eis und einen Milchkaffee. Une glace panachée et un crème (ün glas panasche e *e* kräm).
G Welche Kuchen haben Sie? Quels gâteaux avez-vous (käl gato awewu)?
K Früchtekuchen, Apfelkuchen, Käsekuchen. Tarte aux fruits, tarte aux pommes et gâteau au fromage blanc (tart o früi, tart o pOm e gato o frOma<u>sch</u> bl*a*).
G Einen Apfelkuchen mit Sahne und einen Kaffee. Une tarte aux pommes avec de la crème Chantilly et un café (ün tart o pOm awäk dö la kräm sch*a*tiji e *e* kafe).
N Birne Helene und einen Tee mit Zitrone. Poire Belle-Hélène et un thé au citron (poar bäl elän e *e* te o sitr*o*).
Nach einem guten Essen. Après un bon déjeuner.
K War es gut? C'était bon (setä b*o*)?
G Es war sehr gut. C'était très bon (setä trä b*o*). Richten Sie dem Koch unsere Komplimente aus. Faites nos compliments au cuisinier (fät no k*o*plim*a* o küisinje).
T Die Rechnung bitte. L'addition, s'il vous plait (ladisj*o* silwuplä). Alles zusammen. Une seule addition (ün sÖl adisj*o*). Der Rest ist für Sie. Gardez la monnaie (garde la m*o*nä).
K Vielen Dank. Merci beaucoup (märsi boku).

Räumliche Angaben

im Haus	á la maison (a la mä<u>s</u>*o*)
durch das Haus	à travers (a trawär)
innerhalb des Hauses	à l'intérieur de (l*e*terjÖr)
außerhalb des Hauses	hors de (Or dö)
vor dem Haus	devant (döw*a*)
hinter dem Haus	derrière (därjär)
neben dem Haus	à côté de (a kote dö)
über dem Haus	au dessus de (o dösü dö)
in der Nähe des Hauses	près de (prä dö)
gegenüber dem Haus	en face de (*a* fas dö)
in Richtung auf das Haus	vers la maison (wär la mä<u>s</u>*o*)

Die Ankunft / l'arrivée

Ich bin angekommen ...   **Je suis arrivé ...**
vor sieben Tagen	il y a sept jours (ilja sät <u>sch</u>ur)
vorgestern	avant hier (aw*a* jär)
gestern	hier (jär)
heute	aujourd'hui (o<u>sch</u>urdüi)
Ich bin gerade angekommen.	Je viens d'arriver (<u>sch</u>ö wj*e* dariwe).
Ich komme gerade an	Je suis en train d'arriver (<u>sch</u>ö süis*a* tr*e* dariwe).

Die Abreise / le départ

Ich werde gleich abreisen. Je vais partir (<u>sch</u>ö wä partir).

Ich reise ab ...   **je pars ...**
sofort	tout de suite (tu dö süit)
in zwei Stunden	dans deux heures (d*a* dö<u>s</u>Ör)
heute Vormittag	ce matin (sö mat*e*)
heute Nachmittag	cet après-midi (sätaprämidi)
etwa um zwei Uhr	vers les deux heures (wär le dö<u>s</u>Ör)
heute Abend	ce soir (sö soar)
heute Nacht	cette nuit (sät nüi)
morgen	demain (döm*e*)
übermorgen	après-demain (aprä döm*e*)
vor Sonntag	avant de dimanche (aw*a* dö dim*a*sch)

Häufigkeitsangaben

niemals	jamais (<u>sch</u>amä)
hin und wieder	de temps en temps (dö t*a*s*a* t*a*)
manchmal	parfois (parfoa)
oft	souvent (suw*a*)
meistens	pour la plupart (pur la plüpar)
immer	toujours (tu<u>sch</u>ur)

Bitte lernen Sie die Wörter von <u>Straße</u> bis <u>Umleitung</u>.

Zehnter Tag

Zeitpräpositionen

B Vor 4 Monaten kam mir die Idee des Buches, das ich seit 2 Monaten schreibe, das ich in 2 Monaten beenden muss und das der Verleger in 4 Monaten veröffentlicht.
Il y a 4 mois (1) qu'il me vint l'idée du livre que j'écris **depuis** 2 mois (2) que je dois achever **en** 2 mois (3) et que l'éditeur publie **dans** 4 mois (4).

A **il y a**: Fester Zeitpunkt in der Vergangenheit (1).
depuis: Unvollendete Handlung mit Beginn in der Vergangenheit (2).
en: Notwendige Zeit zur Durchführung einer Handlung (3).
dans: Zeitpunkt in der Zukunft (4).

Die Präposition à

B Ich muss mit dem Fahrrad in die Jugendherberge fahren, weil ich um zwölf Uhr in der Jugendherberge sein muss. Das Fahrrad gehört mir.
Je dois aller **à** bicyclette (1), **à** l'auberge de jeunesse (2) parce que je dois être **à** midi (3) **à** l'auberge de jeunesse (4). La bicyclette est **à** moi (5).

A **à** wird z. B. verwendet: zur Angabe des Verkehrsmittels (1), der Richtung (2), der Zeit (3), des Ortes (4) und des Besitzes (5).

Die Präposition de

B Mein Vater kommt aus Brüssel, wo er gestern von 10 bis 11 Uhr über die Europäische Union gesprochen hat.

A Mon père vient **de** Bruxelles (1) où hier **de** dix heures à onze heures (2) il a parlé **de** l'union européenne (3).
de wird z. B. verwendet: in Verbindung mit einem Ausgangspunkt (1) oder einem Thema (3) und bei Zeitangaben (2).

Die Präposition en

B Meine Schwester lebt in Frankreich. Im Sommer fährt sie im Auto nach Italien, wo sie Kleider aus Seide kauft.
Ma soeur habite **en** France (1). **En** été (2) elle va **en** voiture (3) **en** Italie (4) où elle achète des vêtements **en** soie (5).

D **en** wird z. B. verwendet:
vor Namen von Ländern, die weiblich sind (1) oder mit einem Vokal beginnen (4).
vor Monaten und Jahreszeiten (2). <u>Ausnahme</u>: au printemps / im Frühling.
bei der Angabe eines Verkehrsmittel (3) oder eines Materials (5).

Die Präpositionen **par** und **pour**

B Einmal pro Woche reise ich aus Liebe nach Paris, um eine Freundin zu treffen. Letzte Woche bin ich mit dem Zug über Straßburg gefahren und habe ein von Victor Hugo geschriebenes Buch gelesen.
Une fois **par** semaine (1) je pars **pour** Paris (2) **par** amour (3) **pour** rencontrer une amie (4). La semaine passée j'ai voyagé **par** train (5) **par** Strasbourg (6) et j'ai lit un livre écrit **par** Victor Hugo (7).
par wird z. B. für Folgendes verwendet:
Häufigkeit (1) Ursache (3) Verkehrsmittel (5) in der Bedeutung 'über' (6) und 'von' (7).
pour drückt z. B. aus: Richtung (2) Zweck (4).

F Wichtige Redewendungen

Wer / qui (ki) ist der Reiseführer / est le guide (ä lö gid)?
Wo / où (u) ist der/die/das nächste ... / est ... le / la plus proche (u ä lö la plü prOsch), findet statt / a lieu (u a ljö)?
Wo befindet sich / où se trouve (u sö truw) eine Autovermietung / une location de voiture (lOkasjo dö woatür), die Tankstelle / la station-service (stasjo särwis), die Gepäckaufbewahrung / la consigne (kosinj), der Fahrkartenschalter le guichet des billets (gischä de bijä), der Chek-in Schalter / l'enregistrement (laröschiströma), ein Geldautomat / un distributeur de billets (distribütÖr dö bijä), ein Bekleidungsgeschäft / un magasin d'habillement (magase dabijma), die Abteilung / le rayon (räjo), das Fremdenverkehrsamt l'office du tourisme (lOfis dü turism), die Post / le bureau de poste (büro dö pOst), ein Briefkasten / une boite aux lettres (boat o lätr), die Polizeistation / le poste de police (pOst dö pOlis)?
Welche/r/s / quel/le (käl) Vorwahl / quel est l'indicatif (ledikatif), Telefonnummer / quel est le numéro de téléphone (nümero dö telefOn), Gebühr / quel est le tarif, Stromspannung / quel est le voltage (wOltasch), Wettervorhersage gibt es / quelles sont les prévisions météo (käl so le prewisjo), an welchem Tag ist Markt / est le jour de marché (käl ä lö schur dö marsche), Alter haben Sie / âge avez - vous (käl asch awewu)?
Es gibt / il y a (ilja) einen Fehler in der Rechnung / une erreur dans l'addition (ün ärÖr da ladisjo).
Kann ich / man: je peux (schö pö) **/ on peut** (o pö) hier parken / me garer ici (mö gare isi), mich bedienen / me servir (mö särwir), mein Gepäck hier lassen / laisser mes bagages ici (lese me bagasch isi), Sie einladen / vous inviter (wusewite), Sie zurück begleiten / vous raccompagner (wu rakopanje), zu Fuß gehen / aller à pied (ale a pje), Fotos machen / prendre des photos (pradr de fOto)?

Könnten Sie / est-ce que vous pourriez (äskö wu purje) es erklären / l'expliquer (läksplike), es bestellen / le commander (kOm*a*de)?

Könnten Sie mir / pourriez-vous (purjewu) sagen / me dire (mö dir), empfehlen / me recommander (rökOm*a*de), besorgen / me procurer (prOküre), bringen / m'apporter (mapOrte), leihen / me prêter (präte), geben / me donner (dOne), zeigen / me montrer (m*o*tre), helfen / m'aider (mede), ein Taxi rufen / m'appeler un taxi (maple *e* taksi)?

Gibt es / est-ce qu'il y a (äskilja) oder **y-a-t-il** (jatil) in der Nähe ein Kaufhaus / un grand magasin près d'ici (*e* gr*a* magas*e* prä disi), einen Parkplatz / un parking, jemand, der / quelqu'un qui (kälk*e* ki), eine Führung / une visite guidée (v<u>i</u>sit gide), einen Preisnachlass für / une réduction pour (redüksj*o* pur), einen Anschluss / une correspondance (kOräspod*a*s), eine Jugendherberge / une auberge de jeunesse (obär<u>sch</u> dö <u>sch</u>önäs)?

Größe (Kleid): Ich trage die Größe 40. Je porte du quarante (<u>sch</u>ö pOrt dü kar*a*t), (Schuhe): Meine Schuhgröße ist 40. Ma pointure est quarante (ma po*e*tür ä kar*a*t). Ich brauche / j'ai besoin de (<u>sch</u>e bös*o*e dö). Wo kann ich finden / kaufen? Où est-ce que je peux trouver / acheter (u äskö <u>sch</u>ö pö truwe aschte)? Haben Sie Lust zu / ça vous dit de (sa wu di dö)? Wo treffen wir uns / où est-ce qu'on se rencontre (u äsk*o* sö r*a*k*o*tr)? ... funktioniert nicht / ist kaputt / ... ne fonctionne pas / est cassé/e (nö f*o*ksjOn pa ä kase). Kann man es reparieren / peut-on le réparer (pöt*o* lö repare)? Wann ist es fertig / ce sera prêt quand (sö sera prä k*a*)? Ist ... im Preis inbegriffen? ... est compris dans le prix (ä k*o*pri d*a* lö pri)? Stört es Sie, wenn ... / est-ce que ça vous dérange si ... (äskö sa wu der*a*sch si)?

Sich verständigen

Sprechen Sie deutsch? Est-ce que vous parlez allemand (äskö wu parle alm*a*)? Ich verstehe nicht. Je ne comprends pas (schö nö kopra pa). Könnten Sie es wiederholen und langsamer sprechen? Vous pourriez le répéter et parler plus lentement (wu purje lö repete e parle plü latma)? Könnten Sie es buchstabieren? Est-ce que vous pourriez l'épeler (äskö wu purje leple)? Könnten Sie es aufschreiben? Est-ce que vous pourriez l'écrire (äskö wu purje lekrir)? Könnten Sie es übersetzen? Est-ce que vous pourriez le traduire (äskö wu purje lö tradüir)? Wie heißt das auf Französisch? Comment appelle-t-on cela en français (kOma apälto söla a frasä)? Was bedeutet ... Que veut dire ... (kö wö dir)? Haben Sie verstanden / vous avez compris (wusawe kopri)?

F Im Kaufhaus

Kann ich Ihnen helfen? Je peux vous aider (schö pö wusede)? Nein, danke, ich schaue mich nur um. Non, merci, je ne fais que regarder (no märsi, schö nö fä kö rögarde). Das gefällt mir; ich nehme es. Ça me plait; je le prends (sa mö plä schö lö pra). Kann ich mit dieser Kreditkarte bezahlen? Est-ce que je peux payer par cette carte (äskö schö pö peje par sät kart)? Kann ich den Kassenzettel haben? Est-ce que je peux avoir le ticket de caisse (äskö schö pö awoar lö tike dö käs)? Könnten Sie es als Geschenk einpacken? Vous pourriez me faire un paquet cadeau (wu purje mö fär e pakä kado)?

F Nach einem Unfall

Es hat einen Unfall gegeben. Il y a eu un accident (ilja ü enaksida). Rufen Sie sofort einen Krankenwagen und die Polizei. Appelez tout de suite une ambulance et la police (aple tu dö süit ün abülas e la pOlis)! Geben Sie mir Ihren Namen, Ihre Adresse und Ihre Versicherungsnummer. Donnez-moi votre nom, votre adresse et le numéro de votre assurance (done moa wOtr no wOtr adräs e lö nümero dö wOtr asüras).

F Beim Arzt

Gibt es in der Nähe eine Apotheke / einen Arzt? Est-ce qu'il y a une pharmacie / un médecin au voisinage (äskilja ün farmasi e medse o woa<u>si</u>na<u>sch</u>)?

Ich bin ... **Je suis ...**
allergisch gegen allergique à (alär<u>sch</u>ik)
geimpft gegen vacciné contre (waksine k*o*tr)
gestürzt tombé (t*o*be)
ohnmächtig geworden je me suis évanoui (<u>sch</u>ö mö süi<u>s</u>ewanui)
im .. Monat schwanger enceinte de .. mois (*a*set dö .. moa)
Diabetiker diabétique (djabetik)
Ich habe ... **J'ai ...**
Kopfschmerzen mal à la tête (mal a la tät)
Ohrschmerzen mal à l'oreille (lOräj)
Halsschmerzen mal à la gorge (gOr<u>sch</u>)
Rückenschmerzen mal au dos (do)
Magenschmerzen les maux d'estomac (mo dästOma)
Bauchschmerzen mal au ventre (w*a*tr)
eine Erkältung un refroidissement (röfroadism*a*)
Fieber de la fièvre (fjäwr)
Husten la toux (tu)
eine Verdauungsstörung une indigestion (*e*di<u>sch</u>ästj*o*)
Durchfall la diarrhée (djare)
mich übergeben eu des vomissements (ü de wOmism*a*)
einen hohen/niederen Blutdruck une tension haute/basse (ün t*a*sj*o* ot bas)
Brechreiz la nausée (no<u>s</u>e)
Kreislaufstörungen troubles circulatoires (trubl sirkülatoar)
Es tut hier weh. J'ai mal ici (<u>sch</u>e mal isi).
Ich nehme diese Medikamente regelmäßig. Je prends regulièrement ces médicaments (<u>sch</u>ö pr*a* regüljärm*a* se medikam*a*).
Lernen Sie bitte noch die Wörter von <u>umsteigen</u> bis <u>Zug</u>.

Vokabular

Abend soir m soar
Abendessen dîner m dine
Abführmittel laxatif m laksatif
abheben (Geld) retirer rötire
Abreise départ w depar
abreisen partir
Abteil compartiment kopartima
Achtung! attention! atasjo!
Adapter adaptateur m ~tÖr
Adresse adresse f adräs
alkoholfrei sans alcool sasalkOl
allein seul(e) sÖl
Allergie allergie w alärschi
alles tout(e) tu(t)
als (Vergleich) que kö
Alter âge m asch
Altstadt vieille ville f wjäj wil
anbieten offrir Ofrir
andere(r) autre otr
Anfang début m debü
angeln pêcher päsche
angenehm agréable agreabl
anhalten arrêter aräte
ankommen arriver ariwe
Ankunft arrivée f ariwe
Anlegestelle embarcadère m
Anmeldung inscription f e sjo
annehmen accepter aksäpte
annullieren annuler anüle
anprobieren essayer eseje
Anschluss correspondance f
Antiquität antiquité f atikite
antworten répondre repodr

anzeigen dénoncer denose
Anzug complet m koplä
Aperitif apéritif m
Apfel pomme f pOm
Apotheke pharmacie f ~si
Aprikose abricot m abriko
April avril m awril
arbeiten travailler trawaje
Architektur architecture f
Arm bras m bra
Arzt docteur m dOktÖr
Ärztin femme médecin ~se
Aschenbecher cendrier m
atmen respirer respire
Attest attestation f atästasjo
auch aussi osi
Aufenthalt séjour m seschur
aufstehen se lever sö löwe
Aufzug ascenseur m asasÖr
Auge oeil m Öj
August août m u(t)
Ausdruck expression f ~sjo
ausfüllen remplir raplir
Ausgang sortie f sOrti
ausgeben dépenser depase
ausgehen sortir sOrtir
Auskunft renseignement m
Ausländer étranger etrasche
Aussicht vue f wü
aussprechen prononcer nose
aussteigen descendre desadr
Ausstellung exposition f sjo
Ausverkauf soldes mpl sold

58

ausverkauft épuisé(e) epüise
Auto voiture f woatür
Autobahn autoroute f otorut
Autobus autocar m otokar
Autoverleih location d'auto
B
Bäckerei boulangerie f a<u>sch</u>ri
Bad bain m b*e*
Bademantel peignoir pänjoar
Bademeister maître nageur
baden baigner benje
Bahnhof station f stasj*o*
bald bientôt bj*e*to
Balkon balcon m balk*o*
Bank banque f b*a*k
Batterie pile f pil
(Auto~) batterie f batri
Baum arbre m arbr
Baumwolle coton m kot*o*
Beanstandung réclamation m
bedauern regretter rögräte
bedeuten signifier sinjifie
bedienen servir särwir
Bedienung service m särwis
beenden finir
befinden, sich se trouver
beginnen commencer kOm*a*se
begleiten accompagner panje
behandeln soigner soanje
Beilage garniture f garnitür
Bein jambe f <u>sch</u>ab
beißen mordre mOrdr
Bekleidung habillement m
bekommen recevoir rösöwoir
benachrichtigen informer

benutzen utiliser ütili<u>s</u>e
Benzin essence f es*a*s
Berg montagne f m*o*tanj
~führer guide de montagne
Beruf profession f pr*O*fäsj*o*
berühren toucher tusche
beschäftigen occuper Oküpe
beschreiben décrire dekrir
Besen balai m balä
besichtigen visiter wi<u>s</u>ite
Besichtigung visite f wi<u>s</u>it
besorgen procurer pr*O*küre
bestätigen confirmer k*o*firme
bestellen commander k*O*m*a*de
betrachten regarder rögarde
Betrag montant m m*o*ta
Bett lit m li
~decke couverture f kuwertür
~laken drap de lit m dra dö li
bewachen garder garde
bewegen bouger bu<u>sch</u>e
bezahlen payer pejer
Bier bière f bjär
Bild (Gemälde) tableau tablo
Bildhauer sculpteur m skültÖr
Bildhauerei sculpture f skültür
billig bon marché b*o* marsche
bitte s'il vous plait silwuplä
bitten prier prie
blau bleu(e) blö
bleiben rester räste
bleifrei sans plomb s*a* plo
Blick regard m rögar
Blume fleur m flÖr
Bluse blouse f blu<u>s</u>

benötigen avoir besoin de
Blut sang m s*a*
bluten saigner senje
Boot bateau m bato
Botschaft ambassade *a*basad
Braten rôti m roti
brauchen avoir besoin de
(Zeit ~) occuper Oküpe
brechen rompre r*o*pr
Bremse frein m fr*e*
Brief lettre f lätr
~kasten boite f aux lettres
boat o lätr
~marke timbre m t*e*br
~tasche portefeuille pOrtöfÖj
~umschlag enveloppe f *a*wlOp
Brille lunettes f pl lünät
bringen (Dinge ~) apporter
Brot pain m p*e*
Brötchen petit pain m
Brücke pont m p*o*
Bruder frère m frär
Brunnen fontaine f f*o*tän
Buch livre m liwr
~handlung librairie f librӓri
buchstabieren épeler epele
bügeln repasser röpase
Burg château m schato
Büro bureau m büro
Bushaltestelle
arrêt d'autobus arä dotobüs
Butter beurre m bÖr
C
Camping camping m
campen faire du camping

Creme crème f kräm
D
Dame dame f dam
~nbinde serviette hygiénique
särwjät i<u>sch</u>jenik
danken remercier römärsje
dauern durer düre
dein(e) ton(ta) t*o*
denken penser p*a*se
deutsch allemand alm*a*
Deutschland l'Allemagne f
Dezember décembre des*a*br
Diafilm diapositive djapo<u>s</u>itiw
Diabetes diabète m djabät
Diät régime m re<u>sch</u>im
Diebstahl vol m w*O*l
Dienstag mardi m
Diesel gazole m ga<u>s</u>Ol
dieser ce,cet,cette pl ces
direkt direct(e) diräkt
Diskothek discothèque f
Dolmetscher interprète m/f
Dom cathédrale f katedral
Donnerstag jeudi m <u>sch</u>ödi
Doppelzimmer chambre f
double sch*a*br dubl
Dorf village m wila<u>sch</u>
dort là,
Dose boite f boat
~nöffner ouvre-boîte m uwr
dringend urgent(e) ür<u>sch</u>*a*(t)
Drittel tiers m tjär
drücken presser präse
dumm stupide stüpid
Durchfall diarrhée f djare

Durchgang passage m
dürfen pouvoir puwoar
Durst soif f soaf
Dusche douche f dusch
E
echt véritable weritabl
Ei œuf m Öf
eigen propre prOpr
Eigentum propriété f
Eilbote (durch ~) par exprès
Eile hâte f at
Eimer seau m so
Einbahnstraße sens unique
einchecken enregistrer *a*~
Eingang entrée f *a*tre
einige(r,s) quelque kälkö
Einkaufszentrum centre m commercial s*a*tr kOmärsjal
einladen inviter *e*wite
einsteigen monter m*o*te
Eintrittskarte billet d'entrée
Eintrittspreis prix d'entrée
Einwohner habitant m abit*a*
einzahlen verser wärse
Einzelzimmer chambre f individuelle sch*a*br *e*diwidüäl
Eis glace f glas
Eisbecher coupe glacée kup
Eisdiele glacier m glasie
Eislaufen patinage m ~n*a*sch
elektrisch électrique eläktrik
Eltern parents m pl par*a*
Empfang réception f resäpsj*o*
empfehlen recommander
Ende fin f f*e*

Energie énergie enär*schi*
eng étroit(e) etroa(t)
Entfernung distance f dist*a*s
enthalten contenir k*o*tnir
Entscheidung décision f ~sj*o*
entschuldigen excuser äksk*ü*se
entwerten oblitérer Oblitere
Erdbeere fraise f fr*ä*s
erklären expliquer äksplike
erlauben permettre pärmätr
Ermäßigung réduction f ~sj*o*
erreichen atteindre at*e*dr
essen manger m*asche*
Essen (Mahlzeit) repas röpa
Essig vinaigre m winägr
etwas quelque chose kälkö
F
Fähre bac m große: ferry-boat
fahren aller ale
Fahrkarte billet m bijä
Fahrkartenschalter guichet m des billets gischä de bijä
Fahrplan horaire m Orär
Fahrrad bicyclette f bisiklät
Familie famille f famij
Farbe couleur f kulÖr
Farbfilm pellicule couleurs pälikül kulÖr
Februar février m fewrje
fehlen manquer m*a*ke
Fehler erreur f ärÖr
Feiertag jour m férié schur
Fenster fenêtre f fönätr
Fensterladen volet m wOlä
Ferien vacances f pl wak*a*s

Fernglas jumelles f pl
schümäl
Fernsehen télévision f ~wisjo
fertig prêt(e) prä(t)
Fett graisse f gräs
Feuer feu m fö
Feuerzeug briquet m brikä
Fieberthermometer
thermomètre m tärmomätr
Film (Foto) pellicule f pälikül
(Kino) film m
finden trouver truwe
Finger doigt m doa
Fisch poisson m poaso
Flasche bouteille f butäj
Flaschenöffner
ouvre-bouteille m uwrbutäj
Fleisch viande f wjad
Flohmarkt marché m aux
puces marsche o püs
Flug vol m wOl
Flughafen aéroport m ~pOr
Flugzeug avion m awjo
Fluss rivière f, fleuve m flÖw
Flüssigkeit liquide m likid
Flut flux m flü
folgen suivre süiwr
Form forme f fOrm
Foto photo f fOto
Fotoapparat appareil
photo aparäj fOto
Fotogeschäft magasin de
photographie magase
fotografieren photographier
Frage question f kästjo
fragen demander dömade

Frau femme f fam
Freiheit liberté f libärte
Freitag vendredi m wadrödi
Fremdenführer guide m gid
~verkehrsamt office m du
tourisme Ofis dü turism
Fresko fresque f fräsk
Freund ami m
Freundin amie f ami
freundlich aimable ämabl
Friedhof cimetière m simtjär
Friseur coiffeur m koafÖr
Fruchtsaft jus m de fruits
Frühling printemps m preta
Frühstück petit-déjeuner m
fühlen sentir satir
Führerschein permis de
conduire pärmi dö kodüir
Führung visite f guidée gide
Fundbüro bureau des objets
trouvés büro Obschä truwe
funktionieren fonctionner
Fuß pied m pje
Fußgänger piéton m pjeto
G
Gabel fourchette f furschät
ganz tout(e) tu(t)
Garderobe vestiaire m wästjär
Garten jardin m scharde
Gas gaz gas
~flasche bouteille de gaz
Gasthaus petit restaurant
Gatte époux m epu
geben donner dOne
geboren né
gebraten rôti(e) roti

Gebühr taxe m taks
gebührenfrei gratuit gratüi
Geburt naissance näsas
Geburtsdatum date f de
naissance dat dö näsas
Geburtstag anniversaire m
Gedeck couvert m kuwär
Geduld patience f pasjas
Gefahr danger m dasche
gefährlich dangereux(se)
gefallen plaire plär
Gegend région f reschio
gegenüber en face de *a* fas dö
gehen aller ale
gekocht cuit(e) küi(t)
Geld argent m arscha
Geldbeutel porte-monnaie m
Geldschein billet de banque
Geldwechsel change schasch
gemischt mêlé(e) mäle
Gemüse légume m legüm
genug assez ase
Gepäck bagages mpl bagasch
Gepäckaufbewahrung
consigne kosinj
gern volontiers wOlotje
Geschäft magasin m magase
Geschenk cadeau m kado
Geschichte histoire f istoar
Geschwindigkeit vitesse f
Gesicht visage m wisasch
gestern hier jär
Gesundheit santé f sate
(Niesen) à vos souhaits
Getränk boisson f boaso
getrennt séparé(e) separe
Gewicht poids m poa
Gewinn gain m g*e*
gewinnen gagner ganje
Gewürz épice f epis
Glas verre m wär
glauben croire kroar
gleich même, égal
gleichgültig indifférent(e)
Gleis voie f woa
Gleitschirmfliegen
parapente m parap*a*t
Glockenturm clocher klosche
Glück chance f sch*a*s
glücklich heureux örö
Glückwunsch félicitations f pl
Glühbirne ampoule f *a*pul
Gold or m
Golfplatz terrain de golf tär*e*
Gottesdienst kath. messe mäs
prot. culte kült
Gramm gramme m gram
Grenze frontière f fr*o*tjär
Grill gril m
Größe (Kleidung) taille f taj
grün vert(e) wär(t)
Gruppe groupe m grup
Gruß salut m salü
grüßen saluer salüe
gültig valable walabl
Gummi caoutchouc m
Gürtel ceinture f s*e*tür
H
Haar cheveux m schöwö
haben avoir awoar

Hafen port m pOr
Hähnchen poulet m pulä
Haken crochet m krOschä
halb demi(e) dömi
Halbpension
demi-pension dömipasjo
Hälfte moitié f moatje
halten tenir tönir
Haltestelle arrêt f arä
Hand main f me
Handschuh gant m ga
Handtasche sac à main m sak
Handtuch serviette f de
toilette särwjät dö toalät
Handy téléphone portable
Haus maison f mäso
Haut peau f po
heißen s'appeler saple
Heizung chauffage m ~asch
helfen aider ede
Hemd chemise f schömis
Herbst automne m otOn
Herr monsieur m mösjö
herrlich magnifique manjifik
Herz coeur m kÖr
heute aujourd'hui oschurdüi
Hilfe secours m, aide f äd
Himmel ciel m själ
hin und zurück aller et
retour ale e rötur
hinlegen, sich s'allonger
hinsetzen, sich s'asseoir
hinter derrière därjär
Hitze chaleur f schalÖr
Hochsaison pleine saison säso

Honig miel m mjäl
hören entendre atadr
(zuhören) écouter ekute
Hose pantalon m patalo
Hotel hôtel m otäl
Hubschrauber hélicoptère m
elikOptär
Hund chien m schje
Hunger faim f fe
Hut chapeau m schapo

I
immer toujours tuschur
inbegriffen
compris(e) kopri(s)
Infektion infection f efäksjo
informieren, informer eforme
innerhalb à l'intérieur de
Insekt insecte m esäkt
Insektenstich piqûre f
d'insecte pikür desäkt
Insel île f il
interessieren, sich s'intéresser
Italien l'Italie f litali
italienisch italien italje

J
Jacke veste f wäst
Jahreszeit saison f säso
Jahrhundert siècle m sjäkl
Januar janvier m schawje
jeder,jede,jedes chaque schak
jemand quelqu'un kälke
jener celui-là sölüila
jetzt maintenant metna
Jugendherberge auberge de
jeunesse obärsch dö schÖnäs

Juli juillet m schüijä
Junge garçon m garso
Juni juin m schüie
Juwelen bijoux m pl bischu
Juwelier bijoutier m bischutje
K
Kalbfleisch veau m wo
Kamm peigne m pänj
kaputt cassé(e) kase
Karte carte f kart
Kartenverkauf vente f
de billets wat dö bijä
Kartoffel pomme de terre f
Käse fromage m frOmasch
Kasse caisse f käs
Kauf achat m ascha
kaufen acheter aschte
Kaufhaus grand magasin ~se
Keks biscuit m bisküi
Kellner garçon m garso
kennen connaître kOnätr
Kerze bougie f buschi
Kilometer
kilomètre m kilomätr
Kind enfant m afa
Kinderarzt ärztin pédiatre m f
Kino cinéma m sinema
Kleid robe f rOb
Klimaanlage
climatisation f klimatisasjo
Klingel sonnette f sOnät
klingeln sonner sOne
klopfen (Tür) frapper frape
Kloster monastère m ~stär
Knie genou m schönu

Knopf bouton m buto
kochen (Speisen) cuire küir
(Flüssigkeit) bouillir bujir
koffeinfrei décaféiné
Koffer valise f walis
kohlensäurehaltig gazeux
Kollege collègue m kOläg
kommen venir wönir
Konditorei pâtisserie patisri
können pouvoir puwoar
Konto compte m kot
kontrollieren contrôler kotrole
Konzert concert m kosär
Kopf tête f tät
Kopfkissen oreiller m Oreje
Korkenzieher tire-bouchon m
Körper corps m kOr
kosten coûter kute
krank malade malad
Krankenhaus hôpital m Opital
Krankenkasse assurance f
maladie asüras maladi
~schwester infirmière efirmjär
~wagen ambulance f abülas
Krankheit maladie f maladi
Kreditkarte carte f de crédit
Kreuzfahrt croisière f kroasjär
Kreuzung croisement kroasma
Kuchen gâteau f gato
Küche cuisine f küisin
Küchenchef chef m schäf
Kunst art f ar
Künstler(in) artiste m f artist
Kurs cours m kur
Kurtaxe taxe de séjour

L
lachen rire rir
Lachs saumon m som*o*
Lage situation f sitüasj*o*
Lamm agneau m anj*o*
Lampe lampe f l*a*p
Land pays m pei
Langlauf ski m de fond f*o*
lassen laisser lese
laut bruyant(e) brüj*a*
Lautsprecher haut-parleur m
leben vivre wiwr
Ledergeschäft maroquinerie f
ledig célibataire selibatär
leider malheureusement
leihen (verleihen) prêter präte
(ausleihen) emprunter *a*prete
lesen lire lir
Leute gens m pl sch*a*
Licht lumière f lümjär
Lichtschutzfaktor indice de
protection *e*dis dö prOtäksj*o*
lieben aimer eme
Lied chanson f sch*aso*
Liegestuhl chaise longue
Liegewagen couchettes f pl
Likör liqueur f likÖr
links à gauche gosch
Lippe lèvre m läwr
Lippenstift rouge m à lèvres
Liste liste f list
Liter litre m litr
Löffel cuiller f küijär
Loipe piste de ski de fond
Luftpost poste aérienne

per ~ par avion awj*o*
lustig gai ge
M
machen faire fär
Magen estomac m ästOm*a*
Mahlzeit repas röp*a*
Mal (zeitlich) fois fo*a*
malen peindre p*e*dr
Maler peintre m p*e*tr
Malerei peinture f p*e*tür
man on *o*
Mann homme m Om
Mannschaft équipe f ekip
Mantel manteau m m*a*to
Markt marché m marsche
Marmelade confiture k*o*fitür
März mars m mars
Material matériel m materjel
Matratze matelas m matla
Mauer mur m mür
Maut péage m pe*a*sch
Mechaniker mécanicien ~sj*e*
Medikament médicament m*a*
Meer mer f mär
Meeresfrüchte fruits de mer
Mehl farine f farin
Menge quantité f k*a*tite
Messe (Handel) foire f foar
messen mesurer mesüre
Messer couteau m kuto
Meter mètre m mätr
Metzgerei boucherie f buschri
Miete (Whg) loyer m loaje
mieten louer lue
Mietwagenvoiture de location

Milch lait m lä
mindestens au moins o moe
Mineralwasser eau minérale
Minigolf golf miniature ~tür
Minigolfplatz terrain de golf miniature täre miniatür
minus moins moe
Minute minute f minüt
mitnehmen emporter apOrte
Mittag midi m
Mittagessen déjeuner schöne
Mitte milieu m miljö
mittel moyen moaje
Mitternacht minuit m minüi
Mittwoch mercredi märkrödi
Mode mode f mOd
möglich possible pOsibl
Moment moment m moma
Monat mois f moa
Mond lune m lün
Montag lundi m ledi
morgen demain döme
Morgen matin m mate
Motor moteur m mOtÖr
~boot canot à moteur
~rad motocyclette f ~siklät
Mücke moustique m mustik
müde fatigué(e) fatige
Müll ordures f Pl Ordür
Mülleimer poubelle f pubäl
Mund bouche f busch
Münze pièce de monnaie pjäs
Museum musée m müse
Musik musique f müsik
Muskel muscle m müskl

müssen devoir döwoar
N
Nachmittag après-midi
Nachricht message m mäsasch
Nachsaison arrière-saison
nachsehen aller voir ale woar
nachsenden faire suivre süiwr
nächster prochain prosche
Nacht nuit f nüi
Nachtisch dessert m desär
Nacken nuque f nük
Nagel (Finger~) ongle f ogl
Nagelschere ciseaux m pl
à ongles siso a ogl
Name nom m no
Nase nez m ne
Nationalität nationalité nasjO
Nebel brouillard m brujar
nehmen prendre pradr
Neujahr nouvel an m nuwäl a
nicht ne ... pas nö ... pa
nichts rien, ne ...rien nö ...rje
nie jamais schamä
noch encore akOr
Norden nord m nOr
Notausgang sortie f
de secours sOrti dö sökur
Notfall urgence f ürschas
nötig nécessaire nesäsär
November novembre nowabr
Nummer numéro m nümero
nur seulement sÖlma
Nuss noix f noa
O
Obst fruits m pl früi

Obstsalat salade de fruits
oft souvent suw*a*
öffnen ouvrir uwrir
Öffnungszeiten heures
d'ouverture Ör duwärtür
Ohr oreille f Oräj
Ohrring boucle d'oreille
Oktober octobre m OktObr
Öl huile f üil
Omelett omelette f Omelät
Onkel oncle m *o*kl
Oper opéra m Opera
Operation opération Operasj*o*
Optiker opticien m Optisj*e*
Orange orange f Or*a*sch
Ort lieu m ljö
Osten est m äst
Ostern Pâques f pl pak
P
Paar paire f pär
Papier papier m papje
Parfüm parfum m parf*e*
Park parc m park
parken garer gare
Parkplatz parking m
Parkhaus parking couvert
~uhr parcmètre m parkmätr
Party fête f fät
Pass passeport m paspOr
Patient patient pasj*a*
Pension pension f p*a*sj*o*
Person personne f pärsOn
Personalausweis carte f
d'identité kart dit*a*tite
Pfeffer poivre m poawr

Pferd cheval schöwal
Pfirsich pêche päsch
Pflanze plante pl*a*t
Pfund demi kilo m dömi kilo
Pille pilule pilül
Pilz champignon m sch*a*pinj*o*
Pistazie pistache f pistasch
Piste piste f pist
Plan plan m pl*a*
Platten pneu à plat pnö a pla
Platz place f plas
plötzlich tout à coup tutaku
Politik politique f pOlitik
Polizei police f pOlis
Portier concierge m k*o*sjärsch
Portion portion f pOrsj*o*
Postamt poste f pOst
Postkarte carte postale
prächtig splendide spl*a*did
Preis prix m pri
privat privé(e) priwe
Programm programme prO~
Prospekt dépliant m deplia
Prost à votre santé wOtr s*a*te
Prozent pour cent pur s*a*
pünktlich à l'heure a lÖr
Q
Quittung reçu m resü
R
Rabatt rabais m rabä
Radtour tour en vélo *a* welo
Rasierapparat rasoir m rasoar
Rat conseil m k*o*säj
Rathaus hôtel de ville otäl wil
rauchen fumer füme

Raucher fumeur m fümÖr
Rechnung addition m adisjo
Regen pluie f plüi
~mantel imperméable m e~
~schirm parapluie m paraplüi
regnen pleuvoir plöwoar
Reifen Kfz pneu m pnö
~panne pneu à plat pnö a pla
Reihe (Sitz~) rang m ra
rein pur(e) pür
reinigen nettoyer nätoaje
Reis riz m ri
Reise voyage m woajasch
Reiseführer guide m gid
reisen voyager woajasche
Reklamation réclamation m
Religion religion f rölischjo
Reparatur réparation f ~sjo
reparieren réparer repare
reservieren réserver resärwe
Reservierung réservation f
Restaurant restaurant m
Rettungsboot - ring
canot m de sauvetage
bouée de sauvetage sowtasch
Rezept ordonnance OrdOnas
Richtung direction f diräksjo
Rindfleisch boeuf m böf
Rock jupe f schüp
Rodelbahn piste f de luge
pist dö lüsch
roh (ungekocht) cru krü
Rolltreppe escalier roulant
äskalje rula
röntgen faire une radio fär

Rosine raisin sec räse säk
rot rouge rusch
Rücken dos m do
Rucksack sac à dos m sak do
Ruderboot canot m kano
rufen (herbei~) appeler aple
ruhig tranquille trakil
rund rond(e) ro(d)
Rundblick vue f panoramique
Rundfahrt circuit m sirküi

S
Safe coffre-fort m kOfröfOr
Saft jus m schü
sagen dire dir
Sahne crème f kräm
Saison saison f säso
Salat salade f salad
Salz sel m säl
Samstag samedi m samdi
Sand sable m sabl
sauber propre prOpr
Schachtel boite f boat
Schaden dommage dOmasch
Schal écharpe f escharp
scharf piquant(e) pika(t)
Schatten ombre f obr
Schaufenster vitrine f witrin
Scheibe tranche f trasch
Schere ciseaux m pl siso
schicken envoyer awoaje
Schiff bateau m bato
Schinken jambon m schabo
schlafen dormir dOrmir
Schlafwagen wagon-lit wago
schließen fermer färme

Schloss château m schato
Schlüssel clé f kle
Schlussverkauf soldes m pl
schmecken sentir le goût de
Schmerz douleur f dulÖr
schmutzig sale sal
Schnee neige f näsch
schneiden couper kupe
Schnellzug rapide m rapid
train m express tre ekspräs
Schnitzel escalope f äskalOp
Schokolade chocolat m
schon déjà descha
schreiben écrire ekrir
Schuh chaussure f schosür
schulden devoir döwoar
Schweinefleisch porc m pOr
Schwester soeur f sÖr
Schwierigkeit difficulté f
Schwimmbad piscine f pisin
schwimmen nager nasche
See lac m lak
Segelboot bateau à voiles
segeln faire de la voile woal
sehen voir woar
Seife savon m sawo
Seilbahn funiculaire m
sein être ätr
Semmel petit pain m pötit pe
Sessellift télésiège m ~sjäsch
September septembre säptabr
servieren servir särwir
Serviette serviette f särwjät
setzen, sich s'asseoir sasoar
sicher sûr(e) sür
Skikurs cours de ski kur ski

Ski fahren faire du ski fär ski
Skilift téléski teleski
Skulptur sculpture f skültür
Socke chaussette f schosät
Sohn fils m fis
sollen devoir döwoar
Sommer été m ete
Sonne soleil m sOläj
~ncreme crème f solaire sOlär
~nöl huile f solaire üil sOlär
~nschirm parasol m parasOl
Sonntag dimanche m dimasch
Soße sauce f sos
Speisekarte carte f kart
~wagen wagon-restaurant
Spiegel miroir m miroar
Spiel jeu m schö
Spielbank casino m kasino
spielen jouer schue
sprechen parler parle
Stadt ville f wil
Stadtplan plan m de ville pla
statt au lieu de o ljö dö
Steak steak m stäk
Steckdose prise pris
stehen être debout ätr döbu
stehlen voler wOle
stellen mettre mätr
Stil style m stil
Stockwerk étage m etasch
Stoff étoffe f etOf
stören déranger derasche
Strand plage f plasch
Straße rue f rü
Straßenbahn tram m
Streichholz allumette f alümät

Stromspannung voltage m
Strömung courant m kur*a*
Strumpf (Damen~)bas m ba
Stück morceau m mOrso
Stuhl chaise f schäs
Stunde heure f Ör
suchen chercher schärsche
Süden sud m süd
Supermarkt
supermarché m süpermarsche
Suppe soupe f sup
T
Tabakladen tabac m taba
Tag jour m schur
Tankstelle station-service f
tanzen danser d*a*se
Tarif tarif m
Tasche (Hose) poche f pOsch
Taschentuch mouchoir m
Tasse tasse f tas
tauchen plonger pl*o*sche
Tee thé m te
Teelöffel petite cuillère küijär
Teigwaren pâtes alimentaires
Teil partie f parti
Telefon téléphone m telefOn
Telefonbuch annuaire anüär
Telefonkarte télécarte f ~kart
~ zelle cabine téléphonique
telefonieren téléphoner ~fOne
Teller assiette f asjät
Termin (Zeit) rendez-vous m
Terrasse terrasse f täras
Theater théâtre teatr
tief profond prOf*o*

Tier animal m animal
Tisch table f tabl
Tischtennis ping-pong m
Toilette toilettes f Pl toalät
T-papier papier hygiénique
Tomate tomate f tOmate
tragen porter pOrte
Tragetüte sac m sak
Transport transport m tr*a*spOr
Traube (Wein~) raisin m rä*se*
treffen rencontrer r*a*k*o*tre
Treppe escalier m äskalje
Tretboot pédalo m pedalo
trinken boire boar
Trinkwasser eau f potable
Tropfen goutte f gut
Tür porte f pOrt
Turm tour f tur
U
U-bahn métro m metro
überqueren traverser trawärse
Überraschung surprise f ~pris
Übersetzung traduction f ~sj*o*
Uhr montre f m*o*tr
Uhrzeit heure f Ör
Umleitung déviation f wiasj*o*
umsteigen changer sch*a*sche
umtauschen échanger
Unfall accident m aksid*a*
ungefähr environ *a*wir*o*
unterschreiben signer sinje
Unterschrift signature sinjatür
Urlaub vacances f Pl wak*a*s
V
Vanille vanille f wanij

Vater père m pär
Ventilator ventilateur m wa~
veranlassen causer kose
verbieten interdire etärdir
vergessen oublier ublie
verheiratet marié(e) marie
Verkauf vente f wat
verkaufen vendre wadr
Verleih location f lOkasjo
verlieren perdre pärdr
vermeiden éviter ewite
vermieten (Whg) louer lue
verschieden différent difera
Versicherung assurance asüras
Verspätung retard m rötar
verstehen comprendre kopradr
Vertrag contrat m kotra
Verzeichnis liste f list
vielleicht peut-être pötätr
Viertel quart m kar
voll plein ple
Vorspeise hors d'œuvre m
vorstellen présenter presate
Vorwahl indicatif m edikatif
vorziehen préférer prefere
W
warten attendre atadr
Waschbecken lavabo lawabo
waschen laver lawe
Wasser eau f o
Wasserhahn robinet m rObinä
wechseln changer schasche
wecken réveiller reweje
Wein vin m we
Rotwein vin rouge we rusch

Weißwein vin blanc we bla
weniger moins moe
Werkstatt garage m garasch
Wetter temps m ta
wichtig important epOrta
wiederholen répéter repete
wieder sehen revoir röwoar
Wind vent m wa
Winter hiver m iwär
wissen savoir sawoar
wo où u
Woche semaine f sömän
wohnen habiter abite
Wohnung appartement m
Wohnwagen caravane f
Wolke nuage m nüasch
wollen vouloir wuloar
Wort mot m mo
wünschen désirer desire
Wurst saucisse f sosis
Z
Zahl nombre m nobr
zahlen payer peje
Zahn dent f da
Zahnarzt dentiste m datist
Zahnpasta dentifrice m dati~
zeigen montrer motre
Zeit temps m ta
Zeitung journal m schurnal
Zelt tente f tat
zelten camper kape
Zentrum centre m satr
Zimmer chambre f schabr
Zucker sucre m sükr
Zug train m tre